रवि रथी

(साझा काव्य संकलन)

सम्पादक- रवि शंकर साह

सह सम्पादक -विनय कुमार तिवारी

PRACHI DIGITAL PUBLICATION

Title   :   Ravi Rathi

Editor   :   Ravi Shankar Sah

Edition   :   First (August, 2024)

ISBN   :   9788197785719

Copyright © 2024, All Rights Reserved by Author

Published by

PRACHI
DIGITAL PUBLICATION

Regd. Add.: 254, Khuriyakhatta No. 10, Bindukhatta,
Lalkuan, Nainital - 262402, Uttarakhand, India
Website : www.prachidigital.com
E-mail : info@prachidigital.in
Phone : +91 976041 7980, +91 976041 8103

Printed by :
Manipal Technologies Limited, Bengaluru - 560001, Karnataka

अनुक्रमणिका

Ravi Rathi: A Celebration of Jharkhand's Literary Brilliance"

"Ravi Rathi" is an exemplary joint poetry collection edited by Ravi Shankar Sah and Binay Kumar Tewary, featuring over 71 diverse poems by prominent writers from Jharkhand. This anthology stands as a testament to the region's rich literary culture, offering readers a vibrant tapestry of themes and emotions.

Editor - Ravi Shankar Sah and Co-editor - Binay Kumar Tewary have curated this collection, reflecting their dedication to regional literary excellence. Ravi Shankar Sah is a popular Indian poet and educator, acclaimed for his significant contributions to literature and education. Born to the late Jai Shiv Sah and Kaitha Devi, he is married to Poonam Kumari. Sah holds a Bachelor's degree in Political Science and a D.L.Ed. His notable poetry collection, "Dhool Bhari Chaandani, " has garnered him several prestigious literary awards, including the Mahakavi Neeraj Samman, Rabindranath Chandra Bhowmik Smriti Sahitya Bhushan Samman, Guru Brihaspati Samman, Bhagwati Devi Smriti Samman, and Savita Devi Smriti Samman, highlighting his profound impact on the literary world.

Binay Kumar Tewary is a distinguished lyricist, poet, screenwriter, language activist, and director, who has made significant contributions to Khoratha songs, music, literature, and cinema. His expertise extends beyond Khoratha to include Nagpuri, Bhojpuri, and Hindi languages, with his works frequently appearing in prestigious Hindi magazines and journals. Tiwari's role as co-editor of "Ravi Rathi" ensures that this collection not only reflects Jharkhand's literary diversity but also celebrates its rich linguistic heritage.

Writing and publishing poems at the regional level offers numerous benefits, including the preservation and promotion of local languages and cultural narratives. It provides a platform for regional voices to be heard and appreciated, fostering a greater sense of community and identity. Additionally, regional poetry can inspire and engage local audiences, cultivating an appreciation for the unique experiences and perspectives that shape regional literary traditions.

"Ravi Rathi" is poised to captivate the Hindi literary world, offering readers a unique and enriching experience through the collective voices of Jharkhand's esteemed writers. May this collection inspire and resonate with readers, celebrating the rich literary heritage of Jharkhand and beyond.

Dr. Netra P. Paudyal
Research Scholar,
University of Kiel,
Germany

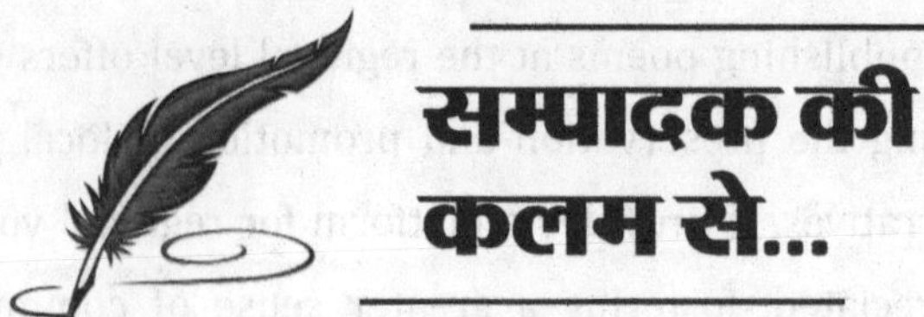

कविता साहित्य की एक विधा है। कविता कवि की सौन्दर्यानुभूति की अभिव्यक्ति है, कवि की व्यथा की अनुभूति है, कवि की आकांक्षाओं– अपेक्षाओं की अभिव्यक्ति है। किसी विद्वान ने सत्य ही कहा है "कविता लिखते समय जिस भाव के साथ लिखी जाती है, यदि पढ़ने वाला भी उसे उसी अर्थ और भाव के साथ उसे समझ सके तो कविता लिखने का उद्देश्य सार्थक हो जाता है"। कविता में लय है, ताल है, आनन्दमय दोहराव है, शब्दों का जो सभी को सहज ही आकर्षित करता है। 'रवि रथी' साझा काव्य संकलन 15 रचनाकारों और मार्मिक कविताओं से सुसज्जित है। इस संग्रह में भारत के नए – पुराने रचनाकार शामिल हैं।

साहित्य समागम का हमेशा से प्रयास रहा है कि नए रचनाकारों को स्थापित रचनाकारों के साथ जोड़ा जाए ताकि वह सीख सके, स्थापित रचनाकारों की रचनाओं को पढ़ सके। इस संग्रह में कुल 75 रचनाओं का संकलन किया गया है।

हमें आशा नहीं बल्कि पूर्ण विश्वास है कि साहित्य समागम भारत के बैनर तले प्राची डिजिटल पब्लिकेशन द्वारा प्रकाशित यह अद्वितीय काव्य संग्रह आपको अवश्य पसंद आएगा। हमेशा की तरह इस बार भी हमें आपका प्यार और सहयोग मिलेगा।

इस संग्रह को सुंदर पुस्तकाकार देने के लिए प्राची डिजिटल पब्लिकेशन का मै आभार व्यक्त करता हूँ। नवांकुर कविओं के उज्ज्वल भविष्य की कामना के साथ पुराने रचनाकारों को विशेष आभार।

रवि शंकर साह
सम्पादक
राष्ट्रीय संयोजक

सह-सम्पादक की कलम से...

"रविरथी" एक ऐसा कविता संग्रह है, जिसमें 15 लोगों की भावनाएं, विचार और अनुभव शामिल है। इस संग्रह में विभिन्न कवियों ने अपनी साथ बिताए पलों, उनको संघर्षों और साहित्य की अद्वितीय महिमा को शब्दों में पिरोया है। यह संग्रह केवल भावनाओं का ही नहीं, बल्कि जीवन के विभिन्न पहलुओं का प्रतिबिंब भी है, जिसमें सम्मानित एवं प्रसिद्ध कवियों की कविताओं को प्रमुखता दी गई है।

परम आदरणीय मेरे बड़े भाई समान रवि शंकर साह जी द्वारा संपादित प्रकाश्य साझा काव्य संकलन "रविरथी" हिंदी भाषा साहित्य के लिए अत्यंत उपयोगी कृति है। जिसकी भाषा प्रांजल, काव्यात्मक, एवं पठनीय है। इस संग्रह को संपादित करने का कार्य रवि शंकर साह जी के लिए चुनौतीपूर्ण था, क्योंकि 15 लोगों की 75 कविताओं को एकत्रित कर, उन्हें एक ही सूत्र में पिरोना एक कठिन कार्य था, लेकिन इस कार्य को उन्होंने न केवल कुशलता से किया, बल्कि हर कविता की मौलिकता और भावना को भी बरकरार रखा। हर रचनाकार की भावना को समझते हुए, उनकी कविताओं को संग्रह में शामिल किया, जिससे इस संग्रह की विविधता और गहराई बनी रही। हमें पूर्ण विश्वास है कि साहित्य समागम भारत के बैनर तले प्राची डिजिटल पब्लिकेशन द्वारा प्रकाशित यह काव्य संकलन आपको अवश्य पसंद आएगा।

शुभकामनाओं के साथ।

विनय कुमार तिवारी

हिंदी एवं खोरठा साहित्यकार, गीतकार, कवि, फ़िल्म लेखक एवं निर्देशक

सचिव एवं संस्थापक – विनय तिवारी खोरठा विकास एवं शोध केंद्र

झारखंड सरकार से सम्मानित

व्यक्तिगत परिचय

रवि शंकर साह

जन्म	–	16 जनवरी 1982
पिता	–	स्वर्गीय जय शिव साह
माता	–	कैथा देवी
सहधर्मिणी	–	पूनम कुमारी
पत्राचार का पता	–	सर्वोदय आवसीय विद्यालय रिखिया रोड़, कुरुमटांड, बलसारा बी0 देवघर झारखंड 814113
मोबाइल नं0	–	7488742564
ईमेल	–	r7488742564@gmail. com
शिक्षा	–	स्नातक (राजनीति शास्त्र) डी.एल.एड
प्रकाशित रचनाएँ	–	धूल भरी चाँदनी काव्य संग्रह (मधुशाला प्रकाशन, भरतपुर, राजस्थान)
संपादन	–	1– अभिव्यक्ति (साझा काव्य संकलन) प्राची डिजिटल पब्लिकेशन, नैनीताल, 2– युगबोध (साझा काव्य संकलन) प्राची डिजिटल पब्लिकेशन, नैनीताल
साहित्य सम्मान	–	1.महाकवि नीरज सम्मान वर्ष 2020 (विश्व हिन्दी रचनाकार मंच)

2.रविन्द्र चन्द्र भौमिक स्मृति साहित्य भूषण सम्मान आर सी भौमिक मेमोरियल ट्रस्ट (पश्चिम बंगाल)

3 . गुरु बृहस्पति सम्मान साहित्य संगम संस्थान, नई दिल्ली

4 . भगवती देवी स्मृति सम्मान खोरठा भाषा साहित्य सृजन मंच

6 . सविता देवी स्मृति सम्मान बांका अंगिका महोत्सव

कारे - कारे ओ बदरा

कारे – कारे ओ बदरा
अब तो बरस जाओ।
कहाँ छुपे हो ओ बदरा
मुखड़ा तो दिखलाओ।
बरसा रहा अनल दिनकर।
आकर जग को बचाओ।
धरती झूलस रही हैं।
व्याकुल हो रहा अंबर।
जल बिन मीन तड़पे
तुम बिन कहाँ जाए।
कहाँ छुपे हो ओ बदरा
झूम– झूम बरस जाओ।
ताल तलैया सूख गये।
सरिता नीर बहाए।
हलधर की आँखें पथराई।
फ़सले हैं उनकी मुरझाई।
अश्क़ सूख गये हैं नयनों के
कुछ भी नहीं कह पाए।
कारे कारे ओ बदरा
अब तो बरस जाओ।
दिनकर के ताप को
आकर रोक जाओ।
दादूर मोर पपीहा तड़पे
कुछ तो तरस खाओ।
कवि रवि करे प्रार्थना।
अंबर पर छ जाओ।
झूम झुम कर बरस बरस कर
हम सब पर तरस खाओ।

☞ रवि शंकर

हे वीर जवान तुझे सलाम

हे वीर जवान तुझे सलाम
सरहद पर मर मिटने वाले,
तान के सीना चलने वाले,
हे वीर जवान तुझे सलाम ।2।

तुम सीमा पर जगते हो,
और हम घर पर सोते हैं ।
तुम हो तो है देश सलामत ।
आ नहीं सकता कोई आफत ।

हे वीर जवान तुझे सलाम ।2।

परिणय की बातों को लेकर,
जब कभी तुम घर आते हो,
सरहद की सुन कर पुकार,
दौड़े – दौड़े चले जाते हो ।2।

मिलन की मीठी यादें लेकर,
विरह वेदना दिल में दबा के
हँसते – हँसते गोलियां खाके,
वतन पर अपनी जान लुटाके ।
तुम शहीद हो जाते हो ।।

हे वीर जवान तुझे सलाम ।2।
लिपट तिरंगे से जब तुम आते
घर – आँगन सूना हो जाता

धरती होती है गमगीन और
आसमां का फट जाता सीना

हाय, बुढ़े का एक सहारा,
जो था उसका छीन गया।
बच्चे हो गए अब अनाथ
किसी की उजड़ी सारी कायनात।

पावों की पायल कहीं खुल गई
टूटी चूड़ियाँ और बिखर गई।
मेहंदी रचित उन हाथों की,
हाय, लालिमा भी खो गई।

सुनी हुई जो मांग उनकी,
श्रृंगार भी उसका धूल गया।
रग-बिरंगी साड़िया उनकी
संदूको में अब बंद हुई।

कवि रवि का हृदय रोता है
कलम उसकी है जो बंद हुई
और लिखूं क्या और क्या गाऊ
श्रोताओं की आँखें नम हुई।

वतन पर मर मिटने वाले,
दुश्मन से नजर मिलाने वाले
भारत माँ के हे राज दुलारे
हे वीर जवान तुझे सलाम 2

रवि शंकर

मन की पीर

कैसे मन की पीर सुनाऊँ?
झर–झर बहते नीर दिखाऊँ।

मुझ पर बरसते झाड़ू – डंडे,
कहो खोल के पीठ दिखाऊं।

रोज सबेरे पहले उठ कर,
घर बाहर झाड़ू लगाता हूं।

बर्तन धोता, कपड़े धोता।
पर आपा नही खोता हूं।

सारा काम निपट नहा धो,
नित्य पत्नी जी आरती गाता हूं।

फिर भी वह मुझसे लडती – झगड़ती,
एक बात को ही कई कई बार रगड़ती।

किसी सौतन को दिल दे बैठा हूं।
इसलिए रहता मैं ऐठा–ऐठा हूं।

अगर मिल जायेगी किसी रोज वह,
वह उसको जिन्दा ही खा जाएगी।

मै एकलौता पतिदेव हूं उसका।
हो सकता नही मैं जिसका – तिसका।

अब मैं यदि जल्दी से नहीं सुधरा।
तो वो मुझको चक्की पिसवाएगी।

और अपने भाइयों से कहकर के
वह जमकर मुझको कुटवायेगी।

उनकी इन बातों को सुनकर,
मै थर – थर कांप जाता हूं।।

तब उससे कहता हूँ –

दूजा कोई नहीं है मेरे दिल में,
तेरी छवि रहती दिल दर्पण में।

हार जीत का राज हो तुम,
हर खुशियों का साज हो तुम।

सदियों तक जो भूल न पाऊँ,
हर बन्धन विश्वास हो तुम।

रवि शंकर

वो कहती है

कहती है वह मुझको बन्दर-छुछुन्दर, कम है क्या?
फिर भी लगती है वो मुझे अति सुंदर, कम है क्या?

मुझसे झगड़कर वो मायके जाने की धमकी देती है।
लड़ती, झगड़ती फिर भी संग में है रहती, कम है क्या?

मैं अभी पांच- छ: बच्चों का बाप हूँ। गम है क्या?
अभी और हो हमारे सात-आठ बच्चे, कम है क्या?

पहले लड़कियाँ मेरे आगे - पीछे घुमा करती थी
मैं अब श्रीमती जी के पीछे घूमता हूँ, कम है क्या?

हमसफर होकर भी मुझसे गाल फुलाया करती है
मैं उसके पास बैठकर मनुहार करता हूँ कम है क्या?

वह कहती है- तुम संग ब्याह के मैं बर्बाद हो गई।
सोलह की लगती है पचास में भी, कम है क्या?

पति- पत्नी जीवन रूपी की गाड़ी के दो पहिये हैं।
कोई एक ही पहिये पर गाड़ी चलाये, दम है क्या?

बाजार में सामानों की कीमत आसमान छू रहे हैं।
हम घर में खा रहे हैं आलू - पालक, कम है क्या?

लोगों के आँखों का काजल बिल्कुल भींग चुका है।
इनके आँखों में अब भी बचा है पानी, कम है क्या?

दुनिया का ताना बाना

दुनिया का क्या है? ताना – बाना।

इसमें बटोही नहीं भरमाना।।

चलते जाना – चलते जाना।

छाँव देख तू मत रुक जाना।।

तुमको है मंजिल को पाना।

तुमको है जीवन सफल बनाना।।

लेकिन चलने के पहले बटोही,

अपने बाट की पहचान कर लेना।

सुनो ध्यान से मेरी बात बटोही

भटक न जाना राह बटोही।

दृढ़ संकल्प व निश्चय से ही,

मानव पाता है मंजिल बटोही।।

अनगिनत राही, आये–गये हैं।

है उनका क्या पता ठिकाना?

पर कुछ ने छोड़े हैं पैरों की निशानी,

हर निशानी के पीछे है एक कहानी।।

पथ में नदी, सरोवर व गह्वर मिलेंगे,

कहीं वन – बाग अति सुंदर मिलेंगे।।

जो तेरे मन को मोह लेंगें।

राह को तेरे रोक देंगें।।

कहीं कंटकों के शर मिलेंगे।

बाट में रोड़े डाल देंगें।।

पर इससे तुम घबराना नहीं

पथ से अपने तुम डिग जाना नहीं।

सफलता एक दिन कदम चूमेगी।

खुशियाँ तेरे घर– आँगन में झूमेगी।

रवि शंकर साह

व्यक्तिगत परिचय

विनय कुमार तिवारी

जन्म	:	5 अक्टूबर, 1974
पिता का नाम	:	श्री हरि प्रसाद तिवारी
माता का नाम	:	स्व0 बेला रानी
पत्नी	:	स्वाति तिवारी
पुत्र	:	राजरंजन तिवारी एवं रुद्रप्रताप तिवारी
जन्म स्थान	:	ग्राम – रोआम, पोस्ट – रोआम, 828113), पंचायत– ढांगी।
		प्रखण्ड : तोपचाँची, जिला – धनबाद, राज्य– झारखण्ड (भारत),
		संपर्क नम्बर– 9334345097 .
Email	:	binaytewary@gmail.com
शिक्षा	:	स्नातक प्रतिष्ठा (अर्थशास्त्र)।
कला क्षेत्र	:	गीत, कविता पटकथा लेखन एवं निर्देशन।
भाषा	:	खोरठा (झारखण्ड की सबसे बड़े क्षेत्र और आबादी की लोकभाषा)
उपलब्धियाँ	:	सम्मान/उपाधि/पुरस्कार : 1 . पर्यटन, कला-संस्कृति, खेलकूद

एवं युवा कार्य विभाग, सांस्कृतिक कार्य निदेशालय झारखंड सरकार द्वारा 21 मार्च 2016 को खोरठा लोक गीत के क्षेत्र में उल्लेखनीय योगदान के लिए " सांस्कृतिक सम्मान " से सम्मानित, 2 . आधुनिक व अति लोकप्रिय खोरठा गीत लेखन तथा खोरठा गीत संगीत सिनेमा के विकास में विशिष्ट योगदान हेतु खोरठा साहित्य संस्कृति परिषद द्वारा खोरठा कला संस्कृति रत्न सम्मान से सम्मानित, 3 . नमन इंटरनेशनल फाउंडेशन फ़ॉर एडुकेशन एंड सोशल रिसर्च द्वारा 'नमन बिरसा मुंडा झारखण्ड रत्न सम्मान से सम्मानित। 4 . जयशंकर प्रसाद विचार मंच द्वारा जयशंकर प्रसाद स्मृति सम्मान से सम्मानित।

धर्म

मुहब्बत के इस जहाँ में
न नफरत हमें सिखाओ।
कि गंगा की पाक धरती
पे तुम खून न बहाओ।।
ये दंगा फसाद क्यों हो
बहे क्यों लहू का दरिया
हम आपस में क्यों लड़ेंगे
है किस बात का ये झगड़ा।
जो आपस में हम लड़ेंगे
तो सिंदूर भी मिटेगा।
अमीरों का कुछ भी न होगा
गरीबों का घर जलेगा।।
वो औरत हुई जो विधवा
बताओ तो कौन है वो।
थी हकदार जिंदगी की
मगर आज मौन है वो।।
सभी धर्म ये सिखाता
कि इंसानियत बड़ी है।
लड़ाई से रोके हर धर्म
क्योंकि हैवानियत यही है।।
तरक्क़ी तभी है मुमकिन
जब दिल से दिल मिला तू।
हजारों बरस के दंगों
के अंजाम बस है आंसू।।

विनय तिवारी

और तुम

मत बांधो तुम
ऐसे नाजुक बंधन
जो सूक्ष्म स्पर्श से ही टूट जाये
मत लिखो तुम
रेत पर प्यार से मेरा नाम
जो एक अश्क की बूंद से ही
बेनिशाँ हो जाये।
मत बनाओ तुम
झूठी कल्पना का शीशमहल
जो सच्चाई के कंकर से
टूटकर चकनाचूर हो जाए
मत कसो रिश्तों का
इतना नाजुक सितार
कि कसने से भी टूटकर
बिखर जायेंगें तार–तार
ये रिश्ते का सितार
बिकता नहीं सरे बाज़ार
ये धन ये बैभव
तुम्हारे काम न आएगा
न कोई तुम को
मेरी तरह चाहेगा
जब मैं तुम्हारी / उपेक्षा के उत्तर स्वरूप
तुम से दूर चला जाऊँगा
मैं तुम्हें याद बहुत आऊंगा
और तुम अजंता की सी
मूरत बनकर रह जाओगी
मौन उम्र भर
महज आँसू बहाने के लिए।

☙ विनय तिवारी

फिर एक बार पुन : लंका दहन होगा

लोगों ने स्वयं के हिसाब बचाने के वास्ते

मुझे बिखरे हुए पन्ने बताया है

हालांकि

मैं जानता हूं

कि आप ने मुझे

एक दिलचस्प और दिलकश किताब बनाया है

ऐसी किताब जो रौशन कर देगी हर अंधेरी राहों को

लोगों ने मुझे सवाल जाना है

हालांकि मैं जानता हूं

कि मैं एक हसीन ख्वाब ही नहीं बल्कि

कठिन सवालों का जवाब भी हूं

क्योंकि

आप ने मुझे

मायूस दिलों में भी

ताज़गी महसूस कराने वाला खूबसूरत जवाब बनाया है

फिर भी

न जाने क्यूं?

अपनी ही सुंदर ज़मीन से

दोस्तों जैसे दुश्मनों के द्वारा

बेदखल किए जा रहे हैं हम लोग और हमारी आने वाली नस्लें

अंधेरे में भटकने के लिए

छोड़ दी जा रही हैं।

ऐ मेरे प्यारो

अब अपने हक़ की आवाज उठाओ

क्योंकि आज

सच और सच्चाई पर चलने वाली

जनता के खिलाफ
लाठियां और गोलियां खड़ी हैं
ऐ समय के सूरज
गवाह रहना
कि हर इल्ज़ाम मेरे सर ही आएगा
मैं जानता हूं
जो सच कहूंगा तो मेरा सर भी जाएगा
मगर लड़ेंगे हम
दरिंदों के खूनी पंजों से
जीत मिलने तक
यदि जो हौसला आप बढ़ाएंगे
तो फिर तमाम ज़ख्म खा-खा के मुस्कुराएंगे
ध्यान दीजिएगा
कि आंखों में आंसू की बुंदें
न आने पाएं
यदि जो होंठों को हिला भी दें
तो अंधेरे भी जगमगा जाएं
बस इतनी सी गुज़ारिश है आप से
पिघल न जाइए मुसीबतों के भाप से
जो अत्याचार बढ़ाएंगे फिर रावण की तरह
तो फिर इक बार पुन : लंका दहन होगा
मैं जानता हूं
कि उसने अपनी सुरक्षा की खातिर
बारूद का अंबार रखा है
ऐ मेरी कलम
आप बहुत संभाल कर अपने हाथों में
माचिस रखना।

विनय तिवारी

दस्तक

एक अरसे से
बंद है यह दरवाजा
वर्जित हैं यहाँ किसी का आगमन
आज फिर
खटखटा रहा है कोई
द्वार धीरे–धीरे
खोलूं या ना खोलूं
सोच रहा हूँ मैं
कौन है वो
क्या उसका नाम है
डरता है मन कहीं ऐसा न हो
हाथ में लेकर कूची
गहरा और करता जाए
मेरे मधुरतम जीवन पर
उदासी का रंग
ओ दे रहा है
दिल के द्वार पर दस्तक।

विनय तिवारी

भारत

भारत है प्रेम का देश यहाँ
नफरत की आग न फैलाओ
बहती है यहाँ गंगा-जमुना
नदियाँ न लहू की तुम लाओ।
क्यों मजहब धर्म को लेकर तुम
आपस में लड़ते रहते हो
क्या धर्म सिखाता है झगड़ा?
क्यों भावनाओं में बहते हो?
परिणाम ये दंगों का देखा
रहती है नज़र बरसों तक तर
धनवान मज़े में रहते हैं
जलते हैं गरीबों ही के घर।
है मानवता का धर्म बड़ा
इस धर्म को ही सब अपनाएँ
हो दंगा मुक्त हमारा देश
इस भू पे स्वर्ग को ले आएँ।

— विनय तिवारी

डॉ. ब्रह्मदेव कुमार

जन्म तिथि	–	25.01.1961
स्थान	–	रमला, गोड्डा, झारखंड।
माता	–	उत्तमा देवी
पिता	–	स्मृतिशेष विश्वनाथ रामदास
जीवन संगिनी	–	डॉ. स्मिता शिप्रा
शिक्षा	–	एम.ए. द्वय (अंगिका – हिंदी) स्वर्णपदक, पी-एच.डी.।
संप्रति	–	सेवानिवृत्त शिक्षक, साहित्यकार।
प्रकाशित पुस्तकें	–	मोती भरलॉ सीप, डॉ. अमरेन्द्र के काव्य में समकालीन यथार्थ। कार्यकारी महासचिव, अखिल भारतीय एक अंगिका साहित्य कला मंच, झारखंड प्रदेश।
संयोजक	–	अंतरराष्ट्रीय हिंदी परिषद, झारखंड प्रदेश।
अध्यक्ष	–	हिंदी साहित्य भारती, जिला – गोड्डा, झारखंड।
सम्मान/पुरस्कार	–	अंग श्री, कवि श्री, अंग सुरभि, अंग सपूत, अंग शिरोमणि, सारस्वत सम्मान, भवप्रीतानंद ओझा कुल प्रभाकर, उमानाथ पाठक स्मृति सम्मान, लक्ष्मीनाथ परमहंस गोस्वामी सम्मान, राष्ट्रीय हिंदी सेवा सम्मान आदि।
सम्पर्क	–	आदर्श नगर, सरकंडा, गोड्डा, पो.+जिला : गोड्डा, झारखंड।
पिन कोड	–	814133
वायुभाष	–	9934531245/7549897151
ईमेल	–	brahmdeokumar1961@gmail.com

पिता: प्राण वायु

यह जिंदगी गर धूप है
तो पिता घना साया है
व्याख्या करने में जिसकी
शब्दकोश भी शरमाया है।

पिता वह संजीवनी है
जो प्राण दान देता है
जीवन के हर मोड़ पर
खुशी का वरदान देता है।

सिर्फ जन्म ही नहीं
हमें जो अर्थ मिलता है
हमारी उपस्थिति को
जीवन का अर्श मिलता है।

जीवन के अर्थशास्त्र को
संभालते हैं पिता ऐसे
असंभव को संभव करने की
तलाशते हैं क्षमता जैसे।

किसी संभावनाओं को
ना नजर अंदाज करते हैं
घर को स्वर्ग बनाने हेतु
सकल प्रयास करते हैं।

पिता वह जीवट वट वृक्ष है
जो हर शीतलता देते हैं
समस्त वेद पुराण ग्रंथ और
पुण्य जहां फलित होते हैं।

पिता है तो हमारे हिस्से का
आकाश उज्जवल है
सृष्टि में प्राण वायु है
और हर देहरी गोकुल है।

— डॉ. ब्रह्मदेव कुमार

फैशन के बहाने

नए जमाने के
बदलते फैशन
होते हैं
कितने मनमोहक।

लेकिन मैं तो ...
आलोचनात्मक भाव ही
रखता था मन में।

इसकी बहुआयामी
उपयोगिता का महत्व
मुझे तब समझ में आया
जब एक दिन ...
मेरी धर्मपत्नी ने
बेटे का छोड़ा हुआ
एक टी-शर्ट
मुझे पहना कर दिखलाया।

बतलाया कि...
बेटे को कुछ होता था बड़ा
वह नहीं पहनने पर था अड़ा।

अरे तुम्हें तो
बिल्कुल ही फिट आया है
देखो तो ....
कैसा शानदार लुक निखर आया है।

आजकल तो...
शार्ट फैशन का चलन है
नये- पुराने का मिलन है।

हंस कर बोली...
थोड़ा मॉडर्न लगोगे
तो मुझे भी अच्छ लगेगा।

और इसी बहाने मैं भी
बेटी के छोड़े हुए
सलवार- सूट
थोड़ा सा बड़ा कराके
पहन सकूंगी
और समय के साथ-साथ
तुम्हारे साथ भी
कदम से कदम मिलाकर
चल सकूँगी।

✍ डॉ. ब्रह्मदेव कुमार

नव वर्ष मंगलमय हो

नव वर्ष मंगलमय हो
नव हर्ष मंगलमय हो
जीवन में हर पल-क्षण
नित्य नव सुर-लय हो।
जीवन के प्राच्य क्षितिज पर
नव किरणों का संसार सजे
जगमग-जगमग हो जीवन
खुशियों का अंबार सजे।
खुशियाली हर ओर सजे
हर ओर तेरी जय हो।।
लताएं सजी हो फूलों से
दानों से भरी हो हर बाली
भंवरों का नित गुंजार जहाँ
चिड़ियों के चोंच न रहे खाली।
रथ मुड़ जाये जिस ओर तेरा
उस ओर तेरी विजय हो।।
हरे- हरे पत्तों से भरे
मंजरियों से हो भरी डाली
फूलों का श्रृंगार जहाँ हो
हर होठों पर सजे लाली।
सजे मुसकान तेरे अधरों पर
स्नेह सिंचित किसलय हो।।
नव वर्ष में नव हर्ष में
कुछ नव अनुसंधान करो
लक्ष्य को भेद सको ऐसा
वैसा निश्चित संधान करो।

तेरे जीवन में हो नव विहान
सफलता का आलय हो ।।

डॉ. ब्रह्मदेव कुमार

देखिये विवेक से

आप अपने को हिलाकर देखिये
खून...खून से मिलाकर देखिये।

आपसी रंजिश को रख के ताख पे
दिल से दिल को यूँ मिलाकर देखिये।

बेवजह नफरत फैलाना छोड़कर
प्रेम से बाँहें फैलाकर देखिये।

दीवार भ्रम की ढाह कर विवेक से
हाथ दोस्ती का बढ़ाकर देखिये।

गैरों की आँखों से आँसू पोछकर
अपनी आँखों में सजाकर देखिये।

लाख तुफां हो यूँ टकरा जायेंगे
एकता का प्रण उठाकर देखिये।

अपना गणतंत्र होगा चरमोत्कर्ष पर
शान से तिरंगा लहराकर देखिये।

डॉ. ब्रह्मदेव कुमार

सोनम कुमारी झा

जन्म	–	7/4/89
पिता	–	श्री मलय झा
माता	–	श्रीमती वंदना देवी
पति	–	अमरेश कुमार झा
संपर्क	–	8789139698
पेशा	–	छात्रा/गृहणी

शिक्षा – स्नातकोत्तर देवघर कॉलेज देवघर (इतिहास) स्नातक (महिला महाविद्यालय गोड्डा), केंद्रीय शिक्षक पात्रता परीक्षाउत्तीर्ण। साहित्य क्षेत्र में सदस्यताहिंदी विभाग द्वारा 2024 में सम्मानित।

रुचि – पढ़ना पढ़ाना, लिखना, पेंटिंग, वाद विवाद प्रतियोगिता और सांस्कृतिक कार्यक्रम में भाग लेना।

प्रकाशित रचना – कान्हा तू मोहे रंग दे ना

पत्रिका – फगुआ के फुहार

प्रकाशित पुस्तक – अभिव्यक्ति (साझा काव्य – संकलन), युगबोध(साझा काव्य संकलन)

हमें यह कहने का अधिकार नहीं कि- 'गर्मी बहुत है'!

हमें यह कहने का अधिकार नहीं कि 'गर्मी बहुत है' !

क्या किया अपनी धरती के लिए हमने?

भौतिक सुख के दौड़ा-दौड़ी में, अट्टालिकाओं की भूख में,

पैसों की वासना में ऐसे संलिप्त हुए हम।

प्राण वायु घटा रहे हैं, बैंक-बैलेंस बढ़ा रहे हैं।

चकाचौंध की उंगली पर नर्तकी बनकर नाच रहे हैं।

आने वाली पीढ़ियों के लिए झुलसती पृथ्वी, सूखती नदियाँ,

घायल ओज़ोन लेयर... सब उपहार स्वरूप छोड़े जा रहे हैं।

साम्राज्य की भूख, मानवता हुई मूक।

दो देशों के आपसी विवाद में न जाने कितने बम छोड़े जा रहे हैं !

देश किसी का भी हो ? पर माँ धरा तो एक है।

अपनी माँ को ही रक्त- रंजित किये जा रहे हैं।

आओ ना! मेरे साथ चलो ना! अपनी संस्कृति की ओर जाते हैं

जहां पीपल, नीम और बरगद देवों की तरह पूजे जाते हैं।

मुझे नहीं पता कैसे होगा? पर सब मिल जाएंगें तो सब होगा।

काट लिया केक, मना ली बहुत पार्टी फाइव स्टार होटलों में।

हम अपने जन्मदिन पर, अपने अपनों के जन्मदिन

प्रकृति के संग बिताते हैं और हर साल पेड़ लगाते हैं।

प्रदूषण की समस्या सरकार की नहीं व्यक्तिगत बनाते है।

वसुधा को उसका हरा दुशाला वापस लौटाते हैं।

नदियों की रक्षा के लिए सब मिलजुल कर कदम उठाते हैं।

उसका पानी उसे फिर से वापस लौटाते हैं।

अपने हिमवान को गले से लगाते हैं उसका ग्लेशियर पिघलने से बचाते हैं।

सुंदर पृथ्वी, स्वस्थ हवा, कल कल बहती नदियाँ।

जब होगी ऐसी सृष्टि तो कहेंगे ही क्यों –

"हमें यह कहने का अधिकार नहीं कि 'गर्मी बहुत है' !!

सोनम झा

हिमालय रो रहा है।

देखो ना अपना हिमालय रो रहा है।।
हिमवान का हिम आंसुओं में बह रहा है।।

नित बढ़ रही है गर्मी।।
किसकी है ये बेशर्मी।।

अपने सुख के कारण प्रदूषण बढ़ा रहे हैं।।
मानवता पर मशीनी आवरण चढ़ा रहे हैं।।

जिसने सदैव हमारी रक्षा की
क्या हमने उसकी सुरक्षा की?

वायु की गंदगी कार्बन बढ़ा रही है।।
बेचारे ग्लेशियर को सता रही है।।

तुम अंधे और मौन क्यों हो गए हो।।
उत्तराखंड के दर्द से कुछ सीख ना रहे हो।।

हिमवान से निकलने वाली नदियां भी घायल हो रही है।।
अपने भीतर प्रदूषण का मवाद ले बह रही हैं।।

बेचारा हिमगिरी कब तक सहेगा।।
सताएंगे इतना तो कुछ तो कहेगा।।

उसके घाव से वसुधा काप जाएगी।।
कांपी वसुधा तो फिर कहर ढाएगी।।

कुछ तो सोचो !अपनी पीढ़ियों पर रहम खाओ।।
संवेदनशील बनो भले दो पैसे कम कमाओ।।

हर वर्ष मौसम का मिजाज थोड़ा तीव्र हो जाता है।।
वर्षा कम होती है फिर भी हमें नजर नहीं आता है।।

किसानों का लहू खेत में सूख जाता है।।
हमें इससे क्या? हमारी थाली में तो भोजन आता है?

पूछती हूं, तुमसे कि तुम कब जागोगे।।
अपनी वसुधा को बचाने कब भागोगे।।

कंक्रीट की दीवारों में कोमल मन कैद हो गया है।।
भौतिकता का भ्रम संवेदना को निगल गया है।।

फिर भी मुझे अपनी कलम से बहुत आशा है।।
हो जाएंगे सब साथ तो कहां बचती निराशा है?

दूसरो की छोड़ो ना हम ही आगे आते हैं।।
पीपल, नीम पूजने वाले हैं मां प्रकृति को बचाते हैं।।

चलो साथ मेरे अपने हिमालय को समझाते हैं।।
उसके आंसुओं को पोछ कर गले से लगाते हैं।।

सोनम झा

कैनवास पर कविता

मैं एक कविता लिखना चाहती हूं

पर इस बार अपनी डायरी में नहीं

अपने पिता के कैनवास पर

पर कैनवास पर ही क्यों ?

क्योंकि हम बच्चे बांट लेते हैं

अपने पिता के संपत्ति को

कुछ जिम्मेदार बच्चे

बांट लेते हैं जिम्मेदारियों को भी

पर मैं पूरा करना चाहती हूं

अपने चित्रकार पिता के

उन अधूरे चित्रों को

रंगों के साथ रहते- रहते

उन्होंने रंगों से प्रेम कर लिया

कभी खींचा किसी की वेदना को

कभी खींचा मेरी मां को

कभी दिखाया कुम्हार का चाक

कभी पेड़ और तालाब

नियति ने खेल ऐसा खेला

उंगलियां कांपने लगी

फिर मेरे शब्द धीरे-धीरे

उनके रंगों को अपनाने लगे

उनके रंग मेरे शब्दों पर छाने लगे

लेकर कैनवास से हरा रंग दिया मैंने प्रकृति को रंग

शब्दों ने चुना कभी गुलाबी रंग गढ़ दिया श्रृंगार का रंग

चुन लिया धवल रंग शांति के लिए

कभी चुन लिया केसरिया रंग क्रांति के लिए

मेरा हृदय उनका कैनवास बन गया
जैसा चाहा वैसा चित्र बन गया
उनकी तूलिकाएं मेरे शब्दों के संग चलने लगी
पिता पुत्री की भावनाएं संग –संग हंसने रोने लगी
हो रहा है अब रिक्त स्थान धीरे–धीरे पूरा
क्यों रहे ?मेरे बाबुल के विचारों पर धुंध का डेरा।
क्यों रहे?
कैनवास पर कोई चित्र अधुरा।

✍ सोनम झा

व्यक्तिगत परिचय

फिरोज आलम

पिता	– मो उस्मान गनी
राष्ट्रीयता	– भारतीय
विवाह	– अविवाहित
पता	– गनी मंजिल, रोशनबाग कॉलोनी, आसनबनी गोड्डा, जिला गोड्डा–814133 झारखंड
मोबाइल	– 8709067771
कार्यानुभव	– महिला कॉलेज, साहिबगंज 2018–2020 उर्दू विभाग में सहायक प्रोफेसर के रूप में काम किया (SKM विश्वविद्यालय दुमका)
प्रकाशन	– अहद–ए– सर सय्यद के अदबी वो इल्मी नुकुश। यूजीसी जर्नल का प्रकाशन 1 अज़ीमुल्लाह अज़ीम दारहवी का शाइराना एख्तेसास। "उर्दू जर्नल" 2 हनीफ़ तारिन की ग़ज़ल गोई "सबक़ेउर्दु" 3 शाद अज़ीमाबादी और उनकी सुफियाना शाइरी। "उर्दू जनरल"

राम भरोसे

राम भरोसे चलता है – सब राम भरोसे चलता है
दुनिया आगे मैं हूं पीछे – काम चलाना पड़ता है
बच्चा हो या बूढ़ा हो सब – मेरे आगे चलता है
मुझको तो मालूम नहीं अब – कहां कौन क्या करता है
कौन है आगे कौन है पीछे – पता नहीं अब चलता है
लेकिन यह सच कहता हूं कि– चलने का तो चलता है
पर राम भरोसे चलता है – सब राम से चलता है
देखी हमने गाड़ी घोड़ा – पी के सभी चलता है
अनपढ़ छोटा लड़का बच्चा – गाड़ी तेज़ चलाता है
टेढ़ी–मेढ़ी राह अलग है – देख के जी घबराता है
बूढ़ा बच्चा नर और नारी – सोचो कैसे चलता है
बांह को थामे हाथ पकड़ के – चलने का तो चलता है
पर राम भरोसे चलता है – सब राम भरोसे चलता है
रात का उल्लू गाता है – पर बच्चा तो डर जाता है
आएगा और कटेगा अब – यही सोच चिल्लाता है
बड़े प्यार से मां समझाती – फिर बच्चा सो जाता है
उल्लू सोता बच्चा उठाता – गिरता पड़ता चलता है
डगमग डगमग सोच सोच के – चलने का तो चलता है
पर रामभरोसे चलता है – सब आराम भरोसे चलता है
हीरा मोती, सोना चांदी – कितना महंगा पड़ता है
मंहगाई की लुट मार है – फिर भी लेना पड़ता है
नारी का श्रृंगार है गहना – जतन से रखना पड़ता है
चोरों के जब हाथ लगे तो– रोना धोना पड़ता है
धीरे–धीरे दिल को थामे – चलने का तो चलता है
पर राम भरोसे चलता है – सब राम भरोसा चलता है

✍ अहमद फिरोज

एक कवि

कवि तो बस पागल होता है – बकबक बकबक करता है
चंद पंक्तियां जोड़ –तोड़कर कविता सहज बनाता है
इन पंक्ति में वाह मिले तो – कवि जो फिर इतराता है
बांह समेटे सीना ताने – दाएं बाएं करता है
सच में यह पागल होता है –बकबक बकबक करता है

कवि कविता कहता है –पर बस दो–चार समझता है
बाकी तो सब देखा देखी – यूं ही शोर मचाता है
भाई अब तो मां को छोड़कर – कौन कविता कहता है
वह भी बच्चा सोने तक ही –घोर ड्रामा चलता है
सच में यह पागल होता है –बकबक बकबक करता है

जो जी चाहे इनको कह लो –प्रेम से यह बतलाता है
कवि तो एक दर्पण होता है –सच को ही दिखलाता है
सच तो यूं कड़वा होता है –नहीं कोई अब कहता है
दुर्लभ यही पुरानी है जो –अब तक सच्चा कहता है
कवि तो बस पागल होता है –बकबक बकबक करता है
सच में यह पागल होता है –बकबक बकबक करता है

अहमद फिरोज गोझा

नेताजी

एक कवि थे नेताजी – अमरद्विज कहलाता था

सुर स्वर के नेता जी – कविता खूब सुनता था

धुन सवार के नेताजी – तुकबंदी वह करता था

कौन सुनेगा किसे सुनाऊं – इसी फिक्र में रहता था

नहीं कोई तो जोरु को ही – अपने पास बुलाता था

तीन पहर तक एक साथ ही – केवल गजल सुनता था

आपस में हम भाई–भाई – सबको ऐसा कहता था

यही बोलकर नेताजी – सबको पास बुलाता था

भादो जैसी उमस में – सबको साथ बिठाता था

भूखे पेट पसीने में – कविता उन्हें सुनता था

फुल बहुमत नेताजी – जबरन ऐसा करता था

कानून का भय दिखलाकर – जंता से वह कहता था

रचना मेरा सुनना है – सदा वह ऐसा करता था

जंता उनका ऐसा था – रोज कमाता खाता था

क्या होता है कवि कविता – सब यह सोचा करता था

भैंस के आगे नेताजी – रोज बीन बजाता था

पगला पंडित नेताजी – जंता उनको कहता था

सेवा उनको करना था – शोषण उनका करता था

कभी–कभी तो नेताजी – हरकत ऐसा करता था

दिखता मानव जैसा था – पर दानव जैसा करता था

फिर भी खुद को नेताजी – सोशल वर्कर कहता

✍ अहमद फिरोज गोड्डा

अक्टूबर का महीना

मौसम कैसा आया है कि ठंडी है ना गर्मी है

बारिश बूंदाबांदी है और ठंडी थोड़ी-थोड़ी है

गर्मी से तो रहता है और बारिश से भी रहता है

मौसम ऐसा आया है अब चाहत थोड़ी-थोड़ी है

सोच के ऐसा चलना है कि ठंडी तो अब आना है

लेकिन ऐसे मौसम में गर्मी थोड़ी-थोड़ी है

खाली के इस मौसम में कली-कली मुस्काई है

फूलों के इन कलियों में शबनम थोड़ी-थोड़ी है

बाग सुहाना लगता है की मौसम ऐसा आया है

फूलों के इन बागों में कलियां थोड़ी-थोड़ी है

पत्ता पत्ता बूटा बूटा मुझको पास बुलाता है

खार भरे फूलों से डर लगती थोड़ी-थोड़ी है

खेत भरा खलियान भरा हरा भरा मैदान है

हरियाली मैदान में मस्ती थोड़ी-थोड़ी है

शाम पहर का बदला है घटा लाल सा भाता है

ऐसा बदल चुनरी सी लगती थोड़ी-थोड़ी है

आज हमारे आंगन में नीलम परी पधारी है

सुनी सुनी आंखों में खुशियां थोड़ी-थोड़ी है

अहमद फिरोज गोड्डा

व्यक्तिगत परिचय

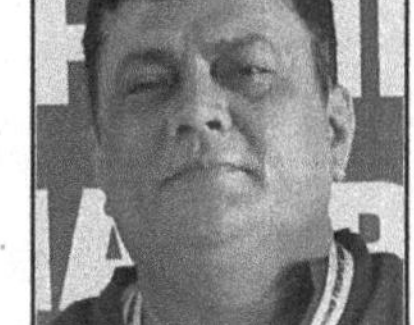

सुरजीत झा

पता	– मदन निवास, नेताजी नगर, गोड्डा (झारखंड)
मो . नंबर	– 9934527496
ईमेल	– surjeetjha29@gmail.com
उपलब्धियां–	उपाध्यक्ष : जोहार कलमकार मंच, झारखंड । अध्यक्ष : जोहार कलमकार मंच झारखंड की गोड्डा जिला शाखा ।
प्रकाशन	– विभिन्न दैनिक समाचार पत्र, स्मारिका एवं पत्रिकाओं में आलेख तथा कविताएं नियमित अंतराल पर प्रकाशित ।
प्रसारण	– आकाशवाणी सहित अनेक प्रतिष्ठित मंच से काव्य–पाठ, विभिन्न अखिल भारतीय स्तर के कवि सम्मेलन का मंच संचालन, वर्ष 2013 से 2020 तक जनवादी लेखक संघ (जलेस) के सचिव ।
प्रकाशनाधीन	– सच्ची श्रद्धांजलि

दंगा : एक शैतानी उत्सव

दंगा है एक उत्सव शैतानी आत्माओं का,

जब धर्म और राजनीति के ठेकेदारों को

सेंकनी होती अपने स्वार्थ की रोटियाँ,

लगा देते हैं आग हमारे मन और मस्तिष्क में,

नफरत, हिंसा और वैमणस्यता की

भष्म हो जाता है सद्भाव, सहिष्णुता और भाईचारा...

खोल देते हैं ताबूत, जी उठता है ड्रैकुला...

धर्मांधता रूपी खून पीकर।

फिर... शुरू होता है मौत का नंगा नाच

तांडव... लाल हो जाती है तब "गोधरा की धरा"

"अहमदाबाद का अहमद" तब आबाद नहीं रहता,

"गुजरात की रात" गुजरती है आँखों में,

मर जाती है इंसानियत....

कुंठित हो जाती हैं संवेदनाएं...

तब चिखता है सन्नाटा कर्फ्यू में।

इसके होने का कोई

निश्चित वजह या समय नहीं होता,

पर अक्सर ये होते तब...

जब लोकतंत्र का सबसे बड़ा उत्सव

होता आसन्न... सन्निकट।

दंगों में.......मरते हैं लोग...मर जाती हैं भावनाएं,

सब कुछ मर जाता है,

न मरती है तो सिर्फ़... छिनाल राजनीति और...

छिछोरे मौत के ये सौदागर, जिनके कंधों पर है जिम्मेदारी

देश, संविधान और मानवता की।

✍ सुरजीत झा,

दीपशिखा हो तुम

रात के सन्नाटे में,

चिंतन के ज्वार – भाटे में,

डूबता – उपलाता अतीत के झरोखे में,

झांका तो पाया मैंने...

थी मेरी ज़िंदगी एक दीप.. पर शिखा विहीन थी।

खारे पानी के सागर सा जिसमे

ख्वाहिशों की अनगिनत नदियां विलीन थी।।

ठीक समंदर सी ही,

हां – हां समंदर सी – ही,

अपने अंदर के हलचल को दबाता,

बार – बार तट को छूता और वापस आ जाता।

शांत समंदर को उसकी शक्ति का एहसास जो दिलाती...

पूर्णिमा के पूर्ण चाँद की वो प्यारी चंद्रलेखा हो तुम।

जीवन के स्याह अंधेरे पथ पर चलते जो पाया,

पथ प्रकाशित करती प्रज्वल दीपशिखा हो तुम।।

बेमंज़िल राहों का राही, रौंदता रहा राहों को,

तलाशता एक ठौर।

गम की बगिया मिली...फूल कम, सूखे पत्ते बिखरे पथ में,

काँटे चहूँ ओर।।

दुरूह यात्रा के इस पड़ाव में दिखी जो मंज़िल...

वो कुछ अच्छ किस्मत का लिखा हो तुम।

दीपशिखा हो तुम। दीपशिखा हो तुम।।

✎ सुरजीत झा,

तुम हो तो

तुम हो तो बेअसर जेठ की तपिश,
क्या मुफ्लिशी के दिन और कैसी गर्दिश…।
तुम हो तो सब है, तुम हो तो रब है।
तुम नहीं तो कुछ भी नहीं…न कोई प्रण न प्राण,
ना दुनिया मेरी…ना ही भगवान।
तुम मेरी आस हो…विश्वास हो।
ज़िन्दा रहने की वजह हो…तुम ही तो स्वांस हो।।
धमनियों से गुजरने वाली रक्त हो।
ख़ास लम्हात हो…खुशगवार वक्त हो।।
यकीं मानो…तुम हो तो जिंदगी ख़ास है।
वरना ज़िन्दगी, घर, पेड़, पहाड़, झरने, नदियां…सब उदास है।।
तुम हो तो हंसी है, ख़ुशी है, ज़िन्दगी में एक रंग है।
तुम नहीं तो फिर क्या है ज़िन्दगी…एक निरर्थक जंग है।।
तुम हो तो मेघ है, मल्हार है, फूलों का हार है।
तुम हो तो जीत है, तुम नहीं तो हार है।।
तुम है तो भूख है, प्यास है।
तुम नहीं तो उपवास है, ज़िन्दगी वनवास है…बकवास है।।
यकीं मानो…तुम हो तो मैं हूँ, तुम्हारा होना ही बात कुछ ख़ास है।
तुम हो तो सागर में पानी है…नदियों की रवानी है,
परियों की कहानी है, राजा और रानी है।
तुम नहीं तो सब बेमानी है।।
तुम हो तो रिश्ते हैं, फरिश्ते हैं…
तुम नहीं तो बेगानी है।
ज़िन्दगी आनी और जानी है।।
तुम हो तो प्यार है, जीवन एक उपहार है।
तुम नहीं तो बेकार है, बेपर्द है, तार-तार है।।

तुम हो तो जहां है, स्वर्ग भी यहाँ ऊतर आयी है।

तुम नहीं तो चैन कहां...घुटन है, उबकाई है।।

तुम हो तो शब्द है, ककहरा है...होली और दसहरा है।

तुम नहीं तो रात कंटीली...दिन बेहद खुरदरा है।।

तुम है तो फूल है, तितलियां हैं...बादल और बिजलियाँ हैं।

तुम नही तो कुम्हलाये फूल हैं और चटकी हुई कलियां हैं।।

तुम हो तो पक्षियों के कलरव हैं, चिड़ियों की चहचहाहट है।

तुम नहीं तो ख़ामोशी है, डरावना सन्नाहट है।।

तुम हो तो बच्चों की किलकारी है...रंग है, चित्रकारियां हैं।

तुम नहीं तो ज़िन्दगी में फकत दुख और दुश्वारियां हैं।।

✍ सुरजीत झा,

मेरा जीवन

सच कहता हूँ कि मेरा जीवन मेरे सपनों की समाधि है।

हर सपना बड़ा था, सामने कोई 'अपना' खड़ा था।

अधिकार और कर्तव्य मैं दोनों के लिए अड़ा था।।

क्या करता अपनी तो किस्मत ही खोटी थी।

मेरा "मैं" बहुत बड़ा पर दुनिया की नजर छोटी थी।।

मेरे किस्मत में हमेशा एहसानों की रोटी थी।

आत्मा ऋण–बोझ तले दबा, कृतज्ञ मेरी बोटी–बोटी थी।।

कर गुजरने का जज्बा पूरा, पर आज़ादी अधूरी– आधी है।

सच कहता हूँ कि मेरा जीवन मेरे सपनों की समाधि है।।

कौन करेगा पाशमुक्त मुझे? किसे मेरी पड़ी है…??

जेहन में यही सवाल बड़ी है।

अपने हिस्से की ज़िंदगी काट ली मैंने लगभग,

शेष अनिश्चितता के दोराहे पर खड़ी है।।

जीवन संघर्ष को छोड़ा नही मैंने।

कर्तव्य–पथ से मुँह मोड़ा नहीं मैंने।।

समाधि–पिंड से उगती रहेगी उम्मीदों की हरी घास।

मेरे बाद तो जानेगी दुनिया मुझे…ये है विश्वास।।

हाथों की लकीरों में मेरे चस्पां "असफल इंसान" की उपाधि है।

सच कहता हूँ कि मेरा जीवन मेरे सपनों की समाधि है।।

✎ सुरजीत झा,

फूल कुमारी

पता   : बाबूपुर, पथरगामा, गोड्डा (झारखंड)
शिक्षा   : स्नातकोत्तर (हिन्दी), बी.एड.
सदस्या   : जोहार कलमकार मंच, झारखंड

साहित्य जगत की उपलब्धियां

प्रकाशन   : 1. देश के प्रसिद्ध एवं प्रतिष्ठित पत्रिकाओं में अनेक कविताएं प्रकाशित।

2. अमेरिका के प्रतिष्ठित हिंदी समाचार पत्र "हम हिंदुस्तानी" में कविता प्रकाशित।

3. तीन "साझा संकलन" में कविता प्रकाशित व अनेक प्रतिष्ठित मंचों से काव्य – पाठ

सम्मान   : 1. साहित्य साधिका सम्मान

2. साहित्य सिद्धि सम्मान

3. साहित्य भूषण सम्मान

4. साहित्य श्री सम्मान

5. जोहार नारी शक्ति सम्मान

ये दुनिया ऐसी क्यों है..?

दिखावे से चलती हर कदम ये दुनिया,

हकीकत से मूंह यहां लोग इतना छुपाते क्यों हैं ?

बंद आँखों से भी दिखती है सच्चाई जब,

खुली आँखों से लोग इसे झुठलाते क्यों हैं ?

ये दुनिया ऐसी क्यों है ?

ख्वाब है आसमां को छूने की सबकी,

जमीं पर गिरे लोग भी इतने इतराते क्यों हैं ?

दूसरे की बहन – बेटी है यहां मजा का जरिया,

तो अपनी बहन – बेटी को ले घबराते क्यों हैं ?

ये दुनिया ऐसी क्यों है ?

इंसान तू है, इंसान हम भी हैं यहां,

फिर इंसानियत लापता सा क्यों है ?

पूजते हैं पत्थर के मूरत लोग यहां,

तो जिंदा जिस्म इतना शर्मिंदा क्यों है ?

ये दुनिया ऐसी क्यों है ?

क्यो है हर कदम पर परेशान सब,

परेशान अपनी परेशानी छुपाते क्यों है ?

अपने आप मे ही सिमट रही हैं अब ये दुनिया,

तो समाज एकता से परिभाषित क्यों है ?

ये दुनिया ऐसी क्यों है ?

सब के घर है माँ, बहन और बेटी

कन्या रत्न और लक्ष्मी रूप में,

घर से निकलने में वो इतना डरती क्यों है ?

हर आदमी है जब पिता, भाई व पुत्र किसी का,

फिर ये दुराचारी बलात्कारी कौन है ?

ये दुनिया ऐसी क्यों है ?

मानसिकता बदलेगी तभी समाज बदलेगा,
जान कर भी हम अनजान क्यों हैं ?
हालत बदलेगी हर एक के सुधरने से जब,
कांटो के बीच "फूल " शर्मिंदा क्यों है ?
ये दुनिया ऐसी क्यो है ?

☙ फूल कुमारी

मैंने शाम देखा है

बैठ कर साहिल पर मैंने शाम देखा है,
डूबते सूरज को मैंने, सरेआम देखा है।
तीखी धूप जब चिलचिलाती थी दोपहर में
सूरज की उस तेज को बेअसर–बेकाम देखा है !
बैठ कर साहिल पर मैंने शाम देखा है!!
जिंदगी की भागदौड़ एक राह
पर आ थम – सी गई,
सारे रंग जिंदगी के पड़े फीके,
जिंदगी जम – सी गई।
मैने भी लूटती खुशियों को तमाम देखा है,
बैठ कर साहिल पर मैंने शाम देखा है।
ख्वाबों की दुनियां से जब मैं बाहर निकली,
हकीकत जिंदगी का तब नज़रों से गुजरी।
हैं...पलटते रिश्तों को हमने सरेआम देखा है,
बैठ कर साहिल पर मैंने शाम देखा है।

☙ फूल कुमारी

बेटी

रिश्तो का अरमान है
हर घर की चाँद है बेटी
माना कुछ ने तिरस्कार किया
चाहने वालो की जान है बेटी ||

डोली में सज के बैठे जब
बूढी आंखो का अभिमान है बेटी,
बहु बनके जब मायका छुटे
तो, दो घरों का मान–सम्मान है बेटी ||

माँ–बाप के हर दर्द को
बिन कहे समझ लेती है बेटी,
लाख छुपा लो इससे कुछ भी
आँखों में सब झाँक लेती है बेटी ||

हर उम्मीद की थाह है
खुद में ही एक ताज है बेटी,
हर सपने को साकार करें
उस हकीकत की राह है बेटी ..

अपनेपन के भाव से परिपूरित है
बस खुदके दुख को छुपा लेती है बेटी
प्रेम मिले या फिर अपमान मिले
खामोशी से पलको पे सजा लेती है बेटी ..!!

फूल कुमारी

किस्से ज़िंदगी के

खालिस गम में कितना
मुस्कुराया जा सकता है,
पहले से उलझी हो जिंदगी तो
और कितना उलझाया जा सकता है।
लोग कहते हैं टूटते है रिश्ते
गरीबी में अक्सर,
मैं सोचती हूँ कि आख़िर
पैसों से कैसे रिश्ते बचाया जा सकता है।
क्या हर वक्त पैसों को ही
अहमियत देना जरूरी है,
क्या कुछ चीजें हैं जिसे
प्यार से भी पाया जा सकता है।
जरूरी नहीं बिखरते है घर अक्सर
बुजुर्गों के अपमान से,
कुछ गलतियां बड़ो द्वारा भी
दोहरायी जाती है।

✑ फूल कुमारी

राजदार चाँद

पता नहीं क्यों लोग चाँद से
इतनी मोहब्बत करते हैं,
दूर है वो इतनी और उसकी
इज्जत करते हैं।
सनम की चाँद से तुलना करते,
हर दर्द बयां उससे करते हैं।
पता नहीं क्यों लोग चाँद से
इतनी मोहब्बत करते हैं !!
भीगीं पलकें इसे दिखाते,
इसके साथ ही मुस्कुरा भी लेते हैं।
न हो सनम पास तो हर बात
सनम-सा मान इससे कर लेते हैं।।
न जाने कितनों का राजदार चाँद,
माशूका के मुस्कुराते चेहरे का प्रतिबिंब ये चाँद,
सदैव मन को शीतलता देते हैं,
शायद इसलिए लोग चाँद से
इतनी मोहब्बत करते हैं।
दूर है वो बेशक इतने
पर उसकी इज्जत करते हैं।।

फूल कुमारी

व्यक्तिगत परिचय

विनीता प्रियदर्शिनी

जन्म तिथि	– 14- 01 – 1985
पिता	– सुरेश प्रसाद यादव (सेवानिवृत्त शिक्षक)
माता	– शीला देवी (गृहणी)
जीवनसाथी	– सुधांशु शेखर (व्यांपारी)
शिक्षा	– बी .ए, शिक्षक प्रशिक्षण
पत्राचार	– साकेतपुरी, गोड्डा पो +जिला – गोड्डा, झारखंड
दूरभाष	– 7909097936

गांव की सुबह

गांव की सुबह बड़ी सुहानी
आंखें खुलती गाय हुकरानी

अंगड़ाई लेते आंखें देखती
बिछी चादर हरियाली
उस पर चमचमाती
शबनम की बूंद उजाली
अब तनिक ना भाए निंदिया रानी

पशुओं की होती सेवा
गोहाल बुहार कर डाले चारा
गोपत चिन्हित होता आंगना
फूली–फल बड़ी मनोहरा
वट पीपल की छाया में दर्शन देते चतुर किसानी

झुमती आती सुरमई शाम
कहते इसे गोधूलि बेला
धूल उड़ाती गाएं घर आती
जैसे बिछड़ा कोई सखि–सहेला
उसकी पीठ थपथपाई कहती दिन भर की कहानी

गांव की सुबह बड़ी सुहानी
आंखें खुलती गाय हुकरानी

✍ विनीता प्रियदर्शिनी

वात्सल्य प्रेम गीत

मेरे गोद में तु आया
मेरे भाग्य को जगाया
कुछ और नहीं मांगू रब से
तुझको पाकर सब कुछ पाया

जब तु मुझको ना देखें मां कहके पुकारे
मैं दूं आवाज तो तु छुप जाए जाने कहां रे
तु खेला तो खेल गई मैं
मेरा बचपन आया
कुछ और नहीं मांगू रब से
तुझको पाकर सब कुछ पाया

तेरी मंद-मंद मुस्कान से खिलती कलियां जीवन की
पड़े ना कभी फीकी खुशी हो तु आंगन की
मेरे साथ चलना तुम
बनकर मेरा साया
कुछ और नहीं मांगू रब से
तुझको पाकर सब कुछ पाया

सच्चाई की राह पर चलना रहना बनकर हकीकत
विचलित ना होना आए जो कोई मुसीबत
तेरी जीत में है जीत मेरी
मेरा मान बढ़ाया
कुछ और नहीं मांगू रब से
तुझको पाकर सब कुछ पाया

विनीता प्रियदर्शिनी

मेरी साइकिल चली

चली चली रे साइकिल मेरी चली रे
चांद के पार लेके अरमां सवार
चली रे

ट्रिन- ट्रिन की करती आवाज
उमंगों की भर्ती साज
बिना रुके बिना थके बिना हार
चली रे

गिर के उठना सिखाया
उठ के संभलना सिखाया
जोखिम है डगर कहां होती असर
लेके सबका प्यार
चली रे

पिछे बैठा है दोस्त मेरा
ना समझो इसे बोझ मेरा
ना देखें अगाड़ी ना देखें पिछाड़ी
करके जान निसार
चली रे

✍ विनीता प्रियदर्शिनी

जाड़े पर कविता

आई शरद ऋतु इठलाती बलखाती
सबको सुबह-शाम ठिठुराती

धरा ने ओढ़ी सूरज की लाली चादर
उस पे लगी शबनम की जड़ी

कलियों ने ली अंगड़ाई खुशियों की हुई बरसात
चली जो पूरवाई सुरमई संगीत बजी

चारों दिशाओं में कोहरे नजर आए
देख कांपते लोगों को मन ही मन मुस्काए

खेतों में धान की बाली मंद-मंद मुस्कुरा रही है
खलिहानों में जाने के लिए तैयार खड़ी है

✍ विनीता प्रियदर्शिनी

ये कैसी प्रीत !

तेरे संग कैसी लगी ये प्रीत है
तुम ही से हार तुम ही से जीत है

तेरी बातों में है वंशी की रागिनी

वो मेरे दिल में प्यार बनके धड़कता

गीतों में जो है लहरें सुहानी

वो आंखों में प्यार बनके उमड़ता

जाने कैसी बनी प्यार की रीत है

तुम से हार........................

तेरे संग कैसी......................

मेरे नैनों में तेरी तस्वीर है बने

और तेरे चरणों की धूल से मेरी मांग सजे

तेरी सांसों में मेरी मेंहदी है महके

और दिल के आंगन में झांझर बज़े

मैं नाचूं तो बजे तेरी संगीत है

तुम ही से हार...................

तेरे संग कैसी......................

मधुर तराने में गाती है कोयल

और तेरी मेरी सुनाती है कहानिया

मांगती रहूंगी दूआओं में तुम्हें

और दिल में धड़कती रहूंगी हो के बावरिया

पक्के धागों से बंधी तेरी मेरी मीत है

तुम से हार......................

तेरे संग कैसी...................

🖋 विनीता प्रियदर्शिनी

व्यक्तिगत परिचय

प्रकाश यादव

माता	– श्रीमति कमली देवी
पिता	– स्व0 लोचन प्रसाद यादव
पत्नी	– श्रीमति मीनाक्षी यादव
शिक्षा	– स्नातक (जर्निलिज्म एंड मसकम्युनिकेशन)
वर्त्तमान	– पत्रकार
पता	– रामनगर, जिला – गोड्डा– 814133, झारखंड
मोबाईल	– 8700678535
ईमेल	– aarsiom.prakash@gmail.com

शंखनाद

हो शंखनाद, अब उस समर का ;

जिसे लड़े बिना काम नहीं चलेगा।

शत्रु मेरे घर में वास करे,

और मुझपे ही वार करे,

ये पौरुष, अब नहीं सहेगा।

काल के पन्नों पे परिणाम होगा।

जीत या हार का अंजाम होगा।

क्या करूँ ! हार के भय से दिल को दहका दूं,

या जीत की मुग्धता में विश्वास को सहका दूं।

अतः जो भी होगा देखा जाएगा,

पर, भाग्य के भरोसे रहा नहीं जाएगा।

वैसे भी सुना है, कि भाग्य सब दिन नहीं सोता है,

इसलिए देखेंगे आगे क्या होता है।

शत्रु तो प्रबल है।

एक तरफ मैं, और दूसरी तरफ

अपना ही, एकदम अपना ही, इतना अपना,

कि उसे छूना तो अतिदूर एहसासूं भी तो,

स्पर्श मेरे तन में होता है।

गम का जरा भी छांव पड़े,

तो आंसू नयन में होता है।

खुशी की एक भनक से,

निखर अंग अंग जाता है।

इसलिए कह रहा हूँ, कि

शत्रु बहुत ही प्रबल है,

और वह मेरा ' मन 'है।

'मन' हाय! रे मेरा मन',

जटिलता की पराकाष्ठा तो देखिए !
मेरी वेदना की विवशता तो देखिए !
व्याधि पड़ो है देह मा, तो पीड़ होय ।
सुई पड़ाऊँ देह मा, तो पीड़ होय ।
पर अब, पीड़ ही पीड़ हरेगा,
तन चाहे जितना दुखेगा,
जख्म सहेगा लाख मगर,
ये पौरुष, मन की नहीं सहेगा ।
इस मन को पता नहीं,
जीवन डगर की दृढ़ता का ।
उस डगर पे, व्यवहार की एकरूपता का ।
साथ इसके ही विचार हुआ,
जीवन का सपना तैयार हुआ ।
जब बात आई कुछ करने की,
डट कर साथ चलने की,
तो कदम इसने ऐसे मोड़ लिया,
जैसे पैरों से जमीन खींच लिया ।
स्वप्न जो अर्श की उड़ान में था,
फर्श पे गिर कर दम तोड़ दिया ।
ये विश्वासघात,
मेरी आत्मा पे आघात है ।
निःसंदेह यह शत्रु का व्यवहार है ।
तो अब, शत्रु दमन का रथ चलेगा ।
ये पौरुष अब नहीं सहेगा ।
खूब सहा है मैंने, इस मन का अत्याचार ।
खूब कराया है, मुझसे व्यभिचार ।
मोह के जंजीरों में बांध कर,
मेरे ईमान को सरे बाजार बेचा है ।

मेरी अमृतवाणी का अंकन लेकर,

कालकूट कपट को रिश्ते के लहू में फेंटा है।

क्या क्या ! नहीं किया है,

कहाँ नहीं गिराया है,

इस मन के बद चलन ने,

मेरी चाल ही बिगाड़ दिया है।

आज मैं व्यक्तित्वहीन हो गया हूँ।

परिचय की दुनियां में,

चरित्रहीन हो गया हूँ।

पर अब, मैं छोड़ने वाला नहीं हूँ।

संकल्पित हूँ दम मारने वाला नहीं हूँ।

क्योंकि, मुझे मृत्यु पसंद है, लेकिन

जीकर शीश झुकाना, मेरे वश की बात नहीं।

इसलिए होगा संग्राम

मन पे फतेह तक, मानूँगा हार नहीं।

जीतता कभी अपार्थ नहीं,

स्वार्थ नहीं, हारता कभी पुरुषार्थ नहीं।

इसलिए परिचय के विस्तृत आकाश में

पौरुष का परचम लहराएगा

मन को जीत कर, ये पौरुष अपना प्रकाश फैलाएगा।

प्रकाश यादव

अपलक

अपलक हूँ, आकाश ताक रहा हूँ;
हूँ भी या नहीं,
यह उधेड़बुन है,
अपनी खिडकी से खुद को झांक रहा हूँ।

निस्तब्धता, धूप की सफेद चादर में
मगरूर है;
खुद को एहसास सकूं,
कि खिड़की स्पर्श से मीलों दूर है;
ये आकाश सूना सूना है;
या खाली मन का कोना कोना है;
दूर गगन से, लौटते नजर से' अस्तित्व निहार रहा हूँ।
अपनी खिड़की से खुद को झांक रहा हूँ।।

बैरंग मन, गुम सा चैतन्य,
छटपटाते जीवन का शिथिल तन;
अशक्त है रग रग,
और इसी रुख किये है तूफान।
अन्तर्रात्री के इस कोलाहल मौन में;
आशा की एक किरण तलाश रहा हूँ।
अपनी खिड़की से खुद को झांक रहा हूँ।।

सहसा कुछ हुई हलचल सी;
शायद आंखों के पत्थर से निझर की;
जीवन की दो धारा बहती,
आई रेतीले होठों पे;

फिर निर्जीवता के एहसास में, आई सजीवता सी।
अब तमस भी छंटने लगा है ;
कुछ-कुछ नजर आने लगा है ;
परिवर्तन के तराजु पे, समय का भार आंक रहा हूँ।
अपनी खिड़की से खुद को झांक रहा हूँ।।

ये आते जाते धूप और छांव,
सिर्फ आंखों के दो नजारे हैं ;
या संसार की प्रतिछाया में,
सुख दुख के इशारे हैं !
एक आता है, एक जाता है ;
हर आने वाला गुजर जाता है ;
स्वयं से बात कर हृदय में धीर बांध रहा हूँ।
अपनी खिड़की से खुद को झांक रहा हूँ।।

प्रकाश यादव

व्यक्तिगत परिचय

रश्मि वर्मा

शिक्षा	– समाज शास्त्र (प्रतिष्ठा)
सम्प्रति	– गृहणी
पता	– दरभंगा (बिहार)
मोबाइल नंबर	– 9973266107
लेखन	– किशोरावस्था से लेखन में रुझान। विभिन्न दैनिक- मासिक पत्र- पत्रिकाओं में लेखन, दो साझा संकलन में रचना प्रकाशित
आत्मकथ्य	– अपने अंतर्द्वंदों से मुक्ति पाने का प्रमुख जरिया है कविता- सृजन।

गजल

कुछ अभी रस्मों– रिवाजों का चलन बाकी है।
दिल की गहराई में रिश्तों का गलन बाकी है।

मेरे अहसास तो जिंदा है अभी दुनिया में
मेरे सीने मे वो पुरवाई पवन बाकी है।

मेरे माँ बाप ने इतिहास पढ़ाया है मुझे।
इसलिए देश के जलने की घुटन अभी बाकी है।

अभी तो आसमां के पार भी जाना है मुझे।
मेरे कदमों में अभी नीलगगन बाकी है।

लोग कहते हैं कि मंजिल बहुत दूर है अभी।
मै नहीं मानती कि मुझमे अभी थकान बाकी है।

मैं हूं रश्मि मुझे रश्मि की तरह जीने दो।
मेरे भी वास्ते इक प्यारा कफ़न बाकी है।

रश्मि वर्मा

कोमल आलिंगन

एक लता मुरझाई, कुम्हलाई और त्रासित सी

ढूंढ़ रही थी एक आश्रय,

जहां पाना था उसे

अपना खोया हुआ अस्तित्व

जहां करना था निर्माण अपने स्वरूप का

और जहां पानी थी

अपनी भूली हुई पहचान,

वो एक वट,

जिसने समाहित किए थे स्वयं मे

कितने ही शीत और ताप

झेल चूके थे जाने कितने ही समय के प्रचंड वेगों के ज्वार

और किए थे असंख्य विघ्नों से

दो चार।

फिर भी खड़ा था बड़ी दृढ़ता से

मानो बाट जोहता किसी की व्याकुलता से,

जो दे दे सके उसे एक स्पर्श मात्र

कोमलता से

सहसा जा मिली लता उस वट से

पा लिया था शायद उसने

स्वीकृति की आश्वस्ती उससे

वट को भी भा गया था लता और कोमल आलिंगन आहिस्ते से।

रश्मि वर्मा

तुम्हारे शब्द

तुम्हारे शब्द
अमृत बन
बूँद बूँद
अंतस मे उतर
मेरे विष पीड़ा को
हर रहें हैं।
अमृत की वट – एक बूँद
भर रही है अवचेतन में
उस रिक्तता को
जो सदियों से मूक बन झेल रही
निस्सीम एकाकीपन को
जीवित हो रही है,
मरणासन्न संवेदनाएं
कि अब मैं बढ़ चली हूँ।
जड़ से चेतन की ओर

रश्मि वर्मा

मौत को हो गई अपनी कभी

कभी भूखे पेट आँसू पीकर
क्या कहे गुजारी कैसे उमर।

महलों के देखे ख्वाब मगर
किस्मत ने दिया टूटा खंडहर

भटके बरसों, मंजिल ना मिली
थक गए, खत्म ना हुआ सफर।
गैरों में खुशियां बाँटी पर
गम अपनों से ना बांटा मगर

जख्मों से छलनी हुआ जिगर
क्या दवा पिये उसमें भी जहर

भगवान के घर या अल्ला के दर
क्यों आहों में अब नहीं असर

हम निकले तो जीने को थे
पर मौत को हो गई अपनी कभी

— रश्मि वर्मा

हाशिये का किरदार

तुमने अपने पन्नों में मुझे
हाशिये पर डाल दिया था
एक किरदार की तरह
क्या सोचा.......?
पड़ी रहूँगी गुमनाम- सी एक कोने में चुपचाप....?
पर वो तुम्हारा वहम था।
तुम्हें क्या मालूम, उस कोने में भी
बना ली थी अपनी एक जगह।
और पढ़ा करती थी,
तुम्हारे एक –एक पन्नों के अल्फाज
उन किरदारों को देखा करती थी,
जो तुमने गढ़े थे
समेंटे थे मैने कुछ अहसास उनसे
सचमुच इक्कठे हो गए थे
बहुत कुछ जेहन में।
एक तस्वीर सी बन गई थी
आड़ी – तिरछी टेढ़ी – मेड़ी उलझी और डरावनी सी
पर मैने उसे सजा डाला
अपने अहसासों के खूबसूरत रंगों से
और उकेर दिया
अपनी तन्हा सी पड़ी किताब के आवरण पर
तुमने तो मुझे हाशिये पर डाल दिया था
पर मैने तुम्हें आवरण पर सजाया
ये है मेरा "सच" और तुम्हारी सोच का फर्क।

रश्मि वर्मा

व्यक्तिगत परिचय

अनंग मोहन मुखर्जी

जन्म स्थान	– रांची (झारखंड)
पिता	–श्याम सुंदर मुखर्जी
माता	– श्रीमती तृप्ति मुखर्जी
शिक्षा	– एम.ए.(हिंदी)बी.एड .
संप्रति	– सहायक शिक्षक संत मदर टेरेसा उच्च विद्यालय नेवरी विकास रांची
लेखन विधा	– कविता, कहानी, उपन्यास
प्रकाशित कृतियां	– अनेक पत्र पत्रिकाओं एवं आकाशवाणी रांची से सैकड़ों रचनाएं प्रकाशित एवं प्रसारित
प्राप्त सम्मान	– अनेक साहित्यिक संस्थाओं द्वारा सम्मानित
पता	– एल एफ 10/16 बरियातू हाउसिंग कॉलोनी बरियातू रांची झारखंड
पिन	– 834009
ईमेल	– anangmohan12@gmail.com
दूरभाष	–7739247915/9199081930

धैर्य

न दिखता अंत सागर का
न होती गिनती किरणों की
न होती सीमा रेखा
कोई हमारे अनंत आकांक्षाओं की
सुख का सागर भरा नहीं
न तृप्त हुआ संसार कभी
अधूरा ही पाया खुद को
पूरा कभी हुआ नहीं
चमचम चमकता जलाशय
जब पड़ती किरणें सूरज की
इनकी गरमाहट पाकर भी
जल ने अपनी शीतलता न खोइ
उड़ गए भाप बनकर
फिर मिल गये उसी जल में
यूं ही रखना शीतलता मन में
और धैर्य रखना अपने जीवन में।

❧ अनंग मोहन मुखर्जी

द्वेष

जो रुठे उनसे बात करो
जो छूटे उनको साथ करो
जो रुठे छूटे सब अपने
तुम ही पहले शुरुवात करो।
कुछ बातें हमसे नहीं बनी
जो कारण था जो रार ठनी
एक बार तो प्यार की गर्मी दो
पिघले नफरत की बर्फ घनी।
तुम ना जी सकोगे यार बिना
दोनों आकुल दोनों व्याकुल
एक दूजे के दीदार बिना
घुट-घुट कर जीवन जीना क्या?
वेदना का हलाहल पीना क्या?
जब यार गये सब हार गये?
यारों से बाजी जितना क्या?
जब मन में दुविधा ग्लानि भरे
प्रियजन को अस्वीकार करे
जाकर उनसे बात करो
संभव है द्वेष का घाव भरे।

— अनंग मोहन मुखर्जी

सच्ची राह

हर निष्काम कर्म में श्रेष्ठता है

हर उचित परामर्श में ज्येष्ठता है

हर न्याय संगत विचार में प्रतिष्ठा है

हर युक्तिसंगत विचार में निष्ठा है

हर क्षण परमात्मा के स्मरण में उत्कृष्टता है

हर परीक्षा में प्रयत्नशील रहने में सचेष्टता है

हर आसन और संतुलित आहार में पौष्टिकता है

हर इन सभी आचरणों में शिष्टता है

हर विषय वेद पुराण के ज्ञान में साक्षरता है

हर वचन कथन के विरुद्ध जाना धृष्टता है

हर मनमाने मार्ग को अपनाने में पथभ्रष्टता है।

✑ अनंग मोहन मुखर्जी

परेशान

खुशियां कम पर अरमान बहुत है
जिसे देखो वह यहां परेशान बहुत है
सही कहते हैं वह
गुनहगार हम और सबके कानून बहुत है
मतलबी हम दुनिया में समझदार बहुत है
करीब से देखने से तो मिट्टी का घर
पर दूर से उसकी शान बहुत है।
तबाही उनकी हम पर इल्ज़ाम बहुत है
कहते हैं इस दुनिया को ग़लत
पर इसके भी कारोबार बहुत है।
सच का जैसे कोई मुकाबला नहीं
पर यहां फिर भी झूठ का नाम बहुत है
मुश्किलो से मिलता है कहने को आदमी
यहां तो फिर भी इंसान बहुत है
तभी तो सबकी खुशियां कम और अरमान बहुत है
जिसे देखो यहां हर इंसान पैसों
के पीछे परेशान बहुत है।

अनंग मोहन मुखर्जी

न आएगा कवनो काम जी

न आएगा कवनो काम जी
जिसका नियत है साफ
उसका भूल-चूक माफ
सब करते हैं भगवान जी
मंदिर –मंदिर जाके घंटा बजाया
आया न कवनो काम जी
खूब कमाया रुपया पैसा
महल अटारी राजा जैसा
किया नहीं एको धेला दान जी
मंदिर –मंदिर जाके घंटा बजाया
आया न कवनो काम जी
कल छल बल से भरा खजाना
रंगमहल में तेरा लुटाना
सब देखते हैं प्रभु श्री राम जी
मंदिर –मंदिर जाके घंटा बजाया
आया न कवनो काम जी
अनंग कुछ दान करो जी
दिन दुखियों का मान रखोजी
मिलेगा सब सुख इस काम जी
मंदिर –मंदिर जाके घंटा बजाना
न आएगा कवनो काम जी

🖎 अनंग मोहन मुखर्जी

व्यक्तिगत परिचय

सोनू कुमार झा

माता	– करुणा देवी
पिता	– श्री जयकान्त झा
ग्राम	– रतनपुर
पोस्ट	– घाट कुशमणी
जिला	– गोड्डा थाना : (मु) गोड्डा झारखंड 814133
प्रकाशित किताब	– साझा काव्य संग्रह युगबोध
वर्तमान कार्यरत	– टाटा पावर सोलर एंड ओसवाल पंप मे कस्टमर सर्विस इंजीनियर पद पर है।

उसे में क्या कहूं

है वह कोई चांद या चांद की उजाला कहूं
हो गया फिदा मैं तो निहार के उसे –2
उसके माथे की बिंदिया कहूं कि सितारे आसमा की कहूं
काली केस को नागिन कहूं या केस में ही नाग कहूं

नयन उसके मधुशाला कहूं की जाम का प्याला कहूं
लब को गुलाब कहूं की गुलाब सा लब कहूं
कि गुलाब के पंख पर ओस की बूंद को लव की मोती कहूं
हो गया फिदा मैं तो निहार के उसे –2

सुराही सा गला कहूं की सुराही को गला कहूं
कंठ को शिखा कहूं की शिखा को शकुंतला कहूं
उसके पानी पंकजे को मैं हाथ कहूं की खिला हुआ कमल कहूं
हो गया फिदा मैं तो निहार के उसे –2

सीने को आइना कहूं की दर्पण सा दिल कहूं
नाभि को भंवर कहूं की कालिंद की तराई कहूं
कमर को कलश कहूं की कलश सी कमर कहूं
हो गया फिदा मैं तो निहार के उसे –2

चाल है वह हंस सी की मोरनी की चाल कहूं
क्या खूब है कली सी वो क्या सक्ल खुसनुमाई हैं
कविता में मैं छंद कहूं कि छंद में कविता कहूं
सोनू किया बवाल की लिख कें इसे
हो गया फिदा मैं तो निहार के उसे –2

सोनू कुमार झा

मेरी मां

तुम पूछते हो कि मेरी मां कैसी है
मेरी नजरों से देखो दुआओं से भरी देवी है
जरा सी बदन गर्म क्या हो जाए
दुनिया भर की नजर उतारती है

मेरे ऊपर आने वाले सभी बाधाओं से लड़ जाती है
रात-रात भर जगती है घर के सारे गलीचे में
मेरे सर के ऊपर रखीं गीली पट्टी सुखा करती है
रात से दिन तक ना सोती है

आंखें बंद करके हाथ जोड़कर मेरे ठीक हो जाने तक
दुआएं मांगा करती है
बिना बताए जो कभी मैं घर आ जाया करता हूं
अपने हिस्से की रोटी हमें खिलाया करती है
कहती है मुझे भूख नहीं और भूखे सो जाया करती है

मेरे हिस्से की डांट वह खुद खाया करती है
मेरे गलती को वह आज भी छुपा लिया करती है
आज भी जब बाहर से घर पर बातें करता हूं फोन पर
सभी पूछते हैं काम कैसा है कितना कमाता है
पर जब मां फोन लेती है पूछती है बेटा खाना तो खाया है ना
तबीयत तो ठीक है ना सच कहता हूं आंखें भर आती है
दुनिया में सब रिश्ते से बढ़कर मां नजर आती है
तुम पूछते हो कि मेरी मां कैसी है
मेरी नजर से देखो दुआओं से भरी देवी है

सोनू कुमार झा

बरसो हे बादल तुम तो

गरजो हे बादल तुम तो

बरसो हे बादल तुम तो

रोए हम इतना की आंसू ना देख ले कोई–2

रोए हम इतना की आवाज ना सुन ले कोई–2

बरसो हे बादल तुम तो

गरजो हे बादल तुम तो

यह दुनिया पराई है ये

आज हमने जाना है

जाना है मंजिल को मंजिल पराई है

पराई है सपने यह सपनों की दुनिया

चलना है और हमको की राहें हमारी है

करनी है और मेहनत की यह बारी हमारी है

देख ना ले दुनिया वाले यह आंसू हमारी है

हारे हैं आज हम तो क्या कल की जीत हमारी है

ये राहें ही हमारी सर का ताज होगा

हार की ही हर ठोकर से ही जीत हमारी ठोस होगा

हमने ठोकर थी खाई एक भरे बाजार में

गरजो है बादल तुम तो

बरसों है बादल तुम तो

रोए हम इतना की आवाज न सुन ले कोई

रोए हम इतना की आंसू ना देख ले कोई

यह दुनिया पराई है ये

आज हमने जाना है

✍ सोनू कुमार झा

एक पिता का पुत्र के लिए हृदय भाव

तुम्हें एक बात पता है क्या

मैंने बहुत सी चीजे खोइ है

एक तुमको पाने के लिये

कई रातों की नींद को बेचकर

तुम्हारे लिए प्रेसा रातों की चैन खरीदी है

अपने आराम के पल अपने खुशियां को बेच दिया हमने

एक तुम्हारी खुशियां के लिए

अपने हिस्से की एक जिंदगी

तुम्हारे दिल के आँसमा में चाँद सितारे बिछाने में लगा दि है

तुमसे दो बूंद प्यार के खातिर

हमने अपने खुशियां का समंदर भी सुखा डाला है।

तुम्हारे जिवन के कोहरे पन्नो में

एक कहानी हमने लिख डाली है अपने हाथो से

अब मैं एक कोहरा किताब सा तुमको सौंपता हैं।

अब एक कहानी अपने हाथो से मेरे जिवन के पन्नो पर लिख दो

जो मरने के बाद भी ना मिट सके

जो मरने के बाद भी ना मिट सके

सोनू कुमार झा

कब आओगी तुम

बताओ तो कब आओगी तुम

इंतहा हो गई अब तो सब्र की

कह दो इन हवाओं से

कह दो इन फिजाओ से

कह दो मेरे दिल की धड़कनो से ये थम जाए तेरे आ जाने तक

बताओ तो कब आओगी तुम

तरस सी गई है आंखें तेरे दीदार को

कह दो इन हवाओं से

कह दो इन फिजाओं से

की जब तक तु ना आये

ये तेरी याद भी ना लाएँ

कह दो इन हवाओं से

महक वो मेरे यार की

तस्वीरें वो प्यार की

यादें वो तेरे साथ होने की एहसास की साथ लेकर आए

दीदार हो जाएं तेरी इन्ही हवाओं में

समा जाओ मेरी रोम रोम मे अपने यादो की तरह

आओ तो कभी इन हवाओ में बरसातो की तरह

बताओ तो कब आओगी तुम

इंतहा हो गई अब तो सब्र की

बताओ तो कब आओगी तुम

क्या जिस्म से जान जुदा हो जायेगी तब आओगी तुम

बताओ तो कब आओगी तुम

✍ सोनू कुमार झा

ओम प्रकाश मंडल

स्थायी पता	–	ग्राम + पोस्ट – बक्सरा
जिला	–	गोड्डा (झारखंड)
वर्तमान पता	–	सूरज गर्ल्स हॉस्टल शांति नगर गोड्डा
सम्मान	–	1. रामधारी सिंह 'विशारद' राष्ट्रीय सम्मान
		2. झारखण्ड श्री व अंग श्री से सम्मानित
अन्य अनुभव	–	1. आकाशवाणी में उद्घोषक
		2. स्वतंत्र पत्रकार
		3. अखिल भारतीय संत मत सतसंग महाधिवेशन का मंच संचालन
प्रकाशित कृति	–	1. आत्मरथी महर्षि मेंहीं
		2. श्री कृष्ण गीता
		3. स्वामी प्रमोद चरित
		4. ओम शतक माला
		5. दहेज़ के दरिंदे नाटक
		6. मेरे भाव मेरे गीत काव्य संग्रह

साधन

साधन सब दु:खो का नाश किया ईश्वर भक्ति के आराधन ने
परम प्रभु से मिला दिया हमें इस भक्ति के साधन ने

ऐसी दिव्य दृष्टि मिली की अंतर -बाहर देख लिया।
आवगमण को मिटा डाला इस अंतर के साधन ने

रात दिन की आराधना ने रास्ता किया आसान।
गजब की कृपा बरसाई गुरुदेव के साधन ने।

जीवन लक्ष्य विहीन सा और उदास उदास सा था।
सजाया मानवता के गुणों से हमें इस साधन ने

ऐसा सिमटाव हुआ है मानव के भीतर भीतर में
परमात्मा के दिव्य दृष्टि को दिखलाया इस साधन ने

खुद से रूठा था जन्मों से यह ओम प्रकाश
इस जीव को पीव से मिला दिया गुरु के इस साधन ने

ॐ ओम प्रकाश मंडल

नववर्ष की शुभकामनाएं

नववर्ष की शुभकामनाएं ।
मंदिरों के रास्ते पर जाते हुए पांव को
ओस और कुहासे से ढँके हुए गाँव को
नववर्ष की शुभकामनाएं ।
ताजी सब्जी लेकर जाते हुए किसान को ।
मेहनत के बाद दोपहर के खान पान को ।
नववर्ष की शुभकामनाएं
रवि फ़सल का पटवन करते हुए भोर को
मध्याह्न भोजन करते हुए बच्चों के शोर को
नववर्ष की शुभकामनाएं
साइकिल पर कोयला ढोते गरीब मजदूर को
डफली पर गाते आँख गवाये सूर को
नववर्ष की शुभकामनाएं
वृद्ध माँ बाप की सेवा करते हुए पुत्र को
असाध्य रोगों को छुड़ाने वाले गौमूत्र को ।
नववर्ष की शुभकामनाएं
परीक्षा लेने वाले ईमानदार वीक्षक को
अच्छी तालीम देने वाले उस शिक्षक को
नववर्ष की शुभकामनाएं

✍ ओम प्रकाश मंडल

मिला था आपसे

इस उदास जीवन मे ख़ुशी मिली आपसे
शायद पिछले जन्म में मिला था आपसे।

दिन महीना साल तेरी यादों में बीता
मेरी हर हँसी खुशी केवल है आपसे

आपसे ही सब सपने पूरे हुए हैं।
घर द्वार किलकारियों से गूंजा आपसे

गुरुदेव की कृपा जो हुई मेरे ऊपर
उसने ही तो मिलवाया मुझे आपसे

वर्षों से निहारा तेरी सुंदरता को
तुलना अप्सराओं से क्या करूँ आपसे।

कुंवारे में केवल सपना देखता रहा।
साकार हुए सपने सभी आपसे।

मेरी रूह से निकलता रहता तेरा नाम
ओम का रिश्ता जन्मों से है आपसे।

ॐ ओम प्रकाश मंडल

सोहराय

संतालों का बड़ा पर्व सोहराय
पोचई पीकर झूमते बहिन भाय।
सुरीली सामूहिक गायन के साथ
टमाक मांदर झाँझर की क्या बात
बांसुरी की मिश्रित तरंगों की तान
वातावरण मादक सुनहरा बिहान।
सबसे बड़ा पर्व का है यह संदेश
संताल पर्व को मनाते देश – विदेश
इस त्योहार को बंदना भी कहते
भाई बहन रक्षा का संकल्प लेते।
पर्व पशुओं के प्रति रखता है आस
देवताओं के प्रति रखता विश्वास
छः दिनों तक चलने वाला त्योहार
गाय बैलों तक को पहनाते हार।
प्रथम दिन स्नान यानि हिलाक
दूसरे दिन के पर्व को कहते बोंगाक
इन दोनों दिन सभी लोग स्नान कर
गोडटांगी जाते कपड़े पहनकर।
जहां सभी घरों में मुर्गा उगाही,
गोड़ेत मांझी जोग मांझी भाई।
स्वागत के लिए गोंड टांगी जाते
जहां नायकी मंत्रोच्चार सुनाते
देवता इष्ट के नाम बलि चढ़ाते
मांझी हड़ाम के साथ प्रसाद पाते

ओम प्रकाश मंडल

सबको शुभकामनाएं

बुजुर्ग स्वस्थ रहें, वे जीयें यहाँ सौ वर्ष।
घर के बड़े –बुढ़ो के साथ मनाये त्यौहारों का हर्ष।

प्रौढ़ो की जिम्मेदारियां, आगे उनका घर परिवार।
बच्चों को योग्य करने में, लेते रहे नगद – उधार।

यह प्यार मोहब्बत का वक्त जीवन का है स्वर्णिम पल।
आशीर्वाद है यह तुम्हें, खूबसूरत हो आज और कल।

तुमने जीवन में जो –जो, स्वप्न सजाते रहें हर पल।
आशा रखो मेहनत करो, सभी मुश्किलों का होगा हल।

यह उम्र खिलता हुआ फूल, खेलों – कूदो खुशी मनाओं।
ओम का उमर तुमको लगे, हरदम हरपल मुस्कुराओं।

☙ ओम प्रकाश मंडल

डॉ. मनीष कुमार चौरसिया

जन्म तिथि	– 20 जुलाई, 1992
शिक्षा	– एम.ए., डी.एड, बी.ई.एम.एस., एम.डी. गोल्ड मेडलिस्ट (पटना)
प्रकाशित रचनाएँ	– विचारधारा, वैश्य क्रांति, नव उदय, मानवी, भारत की बात डिजिटल समाचार पत्र एवं अनेक पत्र – पत्रिकाओं में रचनाएँ प्रकाशित।
सम्मान	– शैल कुमारी स्मृति सम्मान, साहित्य गौरव सम्मान, साहित्य रत्न, विश्व प्रसिद्ध नव उदय साहित्य सम्मान इसके अतिरिक्त कई प्रशस्ति पत्र साहित्यक संस्थाओं द्वारा।
सम्प्रति	– कार्यालय प्रभारी, आर.ई.एच. मेडिकल कॉलेज एण्ड हॉस्पिटल, सुलतानगंज(भागलपुर)
सम्पर्क	– श्यामबाग रोड, पोस्ट – सुलतानगंज, जिला– भागलपुर, राज्य – बिहार
पिन	– 813213
दूरभाष	– 7004676294

देश

कहीं आंधी है कहीं तूफान है
घर मेरा खुला आसमान है

स्वार्थ में भूल गए अंधे होकर
रास्ते भटक कर छुपाते पहचान है

कफन लेकर जब घर से निकले
सरहद पर न्योछावर जान है

देश को नाज है वीरों पर
वतन में शहीदों की शान है

सीखना है तो भारत से सीखो
जो सभ्यता संस्कृति से महान है

— डॉ. मनीष कुमार चौरसिया

न करो

हर वक्त डर कर जिया न करो
जालिमों का कहर सहा न करो

उम्मीदों को तोड़ कर जो बैठा रहा
मंजिलों की तलाश छोड़ा न करो

जो वादा मिलकर हमसे किए हो
उस विश्वास को तोड़ा न करो

जो दिलों में बस गए साथ मेरे
वो निगाहों में गम भरा न करो

तोलना हो अगर बातों से तो
जमाने को दुख दर्द कहा न करो

✍ डॉ.मनीष कुमार चौरसिया

जिंदगी

जुल्म जब खामोश बनकर छाने लगा
मिटती तनहाईयां भी याद आने लगा

खत्म हो जाएगा सारे रिश्ते नाते यहाँ
अब तो दोस्त भी खंजर चलाने लगा

भूख मिटाने के लिए गाँव छोड़ आया
एक रोटी न मिली ठोकर खाने लगा

कोई दर्द छुपा कर चैन से जीने लगा
जख्म पर नमक छिड़क रिश्ते निभाने लगा

जिंदगी मे जब उम्र का फिक्र होने लगा
अपनो ने ही वक्त पर दूरियां बढ़ाने लगा

डॉ. मनीष कुमार चौरसिया

वीर

रही कशिश जब भी उसे पाने की
साजिश रही हमेशा उसे मिटाने की

जो सितम ढाया बेवश और लाचारों पर
जख्म देकर सजा न दो मुस्कुराने की

जिंदगी का सफर जब मुश्किल में दिखने लगा
वक्त भी छोड़ दिया साथ बदलते जमाने की

चांदनी रात में तन्हा सा आलम छाने लगा
आसमाँ में छुप गई तारे फासले बढ़ाने की

जो वतन के लिए दिल से हुआ कुर्बान
जज्बा उसी में थी कुछ कर दिखाने की

✎ डॉ. मनीष कुमार चौरसिया

वतन

कांच की तरह टूटकर बिखरने दो
रूठे किस्मत ही सही आजमाने दो

उम्र भर ना चैन है ना सुकून है
जीने वास्ते कंधे से कंधे मिलाने दो

कसम खाए हैं जीने या मरने का
दुश्मनों को सीख देकर फिर बताने दो

मर जाएंगे वतन के शान के लिए
मुल्क में गद्दारों को सबक सिखाने दो

'चौरसिया' को जान से भी प्यारा है वतन
भूलकर भी नही सर को झुकाने दो

डॉ.मनीष कुमार चौरसिया

मोहित मयंक

जन्म	–	29-11-1998
पिता	–	अनिल कुमार झा।
माता	–	स्वर्गीय ममता झा।
कार्य	–	संगीत शिक्षक दिल्ली पब्लिक स्कूल हैदराबाद।
रुचि	–	साहित्य पठन/पाठन तथा लेखन।
मोबाईल न0	–	7004580512

व्यक्तिगत परिचय

ये रास्ता

ये रास्ता, क्या रास्ता,
मंजिल तो इसकी लापता।
दिन की धूप मांगता,
या चांदनी से वास्ता।।

पहरे हैं क्यों लगाए,
झांकने दो क्यों बंद खिड़की।
दस्तक देने जो आया,
आने दो ऋतु क्यों है भड़की।
मन से मन का मिलन कब करे,
ये दिल थमता कभी ताकता।।

कांटा समय की घड़ी का,
बिरहा में देखो करता है टक टक।
हल्ला बड़ा ये मचाए,
रहता नही चुप करता ये बक बक।।
आंसू किसी के पोछे क्यों हरपल,
ये रुकता कहां ये है भागता।।

कितना परेशान हो आए,
लगते बड़े हो सताए।
पहले हसाया था जिसने,
रोए उसी के रुलाए।।
फैली हो सुरभि किसी फूल की,
तो सोया कहां ये है जागता।।

✑ मोहित मयंक

चले हवा

चले हवा बसंती जब जब,
नाजुक उन फूलों में सट कर ।
याद तुम्हे तब आऊं मैं ही,
रुक ना जाना चलना हंसकर ।।
सोच समझ कर सौदे करना,
कर्जे की ना ग्लानि होगी ।
सहमे ना तुम वादे करना,
जो टूटे मनमानी होगी ।।
डर जाओ गर प्यार से फिर तुम,
सो जाना तकिए में छिपकर ।
याद तुम्हे जब आऊं मैं ही,
रुक ना जाना चलना हंसकर ।।
छुप छुप कर ना देखा करना,
तस्वीरें मौसम के कच्चे ।
दुख जाएगा कोमल उर ये,
हों चाहे कितने भी सच्चे ।
गर किस्सा दुहराए कोई,
दूर खड़ी हो जाना हटकर ।
याद तुम्हे जब आऊं मैं ही,
रुक ना जाना चलना हंसकर ।।
अब ना कोई शिकवा करना,
है जाना यदि बढ़ती जाओ ।
टूटे कांच गिनाने को तुम,
ना आओ ना भरमाओ ।
इस मन में तूफान बहुत है,
रह जाओगी इसमें फसकर ।
याद तुम्हे जब आऊं मैं ही,
रुक ना जाना चलना हंसकर ।।

मोहित मयंक

मन के भीतर

मन के भीतर क्या है जी,
चुप हो क्यूं तुम बोलो भी।
सोच रहे सदियों से क्या हो,
राज वही तुम खोलो जी।।

मैं सोच रहा हूं कब से यारों,
दूर गगन में गोल पड़ा है।
राजकुमारी का दर्पण है,
या बर्फ का कोई घड़ा है।
चांद में दाग लगे हो कितने,
लगता सुंदर है फिर भी।

देखा मैने फिर से देखा,
गुस्साया एक गोला था।
आंख में उसकी गर्मी थी,
मन का एकदम भोला था।
सूरज झल्लाता दिन में,
शाम सुबह वो ठंडा जी।।

वो आंखमीचोली खेले देखो,
झुंड बना के भिड़ने आया,
अठखेली कर जाए वो,
तो मंद मंद मुसकाया।
तारे चमके जुगनू सा,
या जुगनू बनते तारे जी।।

☞ मोहित मयंक

मन

उजले से मन की रंगीन तितली,
उड़ ना जाना मैं छू लूं तुझे।
घास हरी चाहे नन्ही कली,
उड़ती ही जाती क्या पकड़ू तुझे।।

पंखें इतनी क्यूं छोटी सी तेरी,
तुझसे बड़ी तो उंगली मेरी।
आजा गाएं सरगम और तान,
मिल के बनाए कोई प्यारा सा गान।
तू झूमे तू नाचे तू गाए,
तेरे भवरे भाई लुभाए,
मन फूलों पर उड़ने का मुझे क्यों,
आज बहुत तरसाए हाए।।

तूने ओ तितली फूलों पे रह के,
प्यार सभी को करना सिखाया।
तेज हवाएं चलती रहेंगी,
गिरके दिखा फिर उड़ना सिखाया,
नभ तो बड़ा है सबके लिए पर,
तेरे लिए थोड़ा ज्यादा बड़ा है।
डर ना लगे फिर थोड़ा तुझे रे,
सुरभित परागों का अपना मजा है।।

मोहित मयंक

रातों में

मैं छुप छुप के काली रातों में,
कई प्रेम के मंज़र तोड़ आया।
रख दिल के अपने सांचे में,
कुछ तेरे लिए भी छोड़ आया।।
तुम राज करोगी इस उपवन में
सींच मेरी हर सांसो को
वेग हवा के रोकोगी फिर,
ज़ोर जकड़ मेरी बाहों को।
चला नर्म जब हाथ पकड़ कर,
मुड़ा नहीं जब मोड़ आया।
मैं छुप छुप के काली रातों में,
कई प्रेम के मंज़र तोड़ आया।।
वर्षा से लेकर पतझड़ तक,
बन प्रीत हवा लहराती हो।
घनघोर घटाओं के ऊपर,
गीतों में तुम मुस्काती हो।
बीज प्रेम का बोने को,
पर्वत पर्वत कोड़ आया।
मैं छुप छुप के काली रातों में,
कई प्रेम के मंज़र तोड़ आया।।
तुम नदियों सा इक दर्पण हो,
कोई चेहरा अपना धो ले तो,
दोष क्यों फिर शिखरों का,
चंदा ही खुद को खो ले तो।
तुम्हे झांकने की खातिर वो
कांचें कितने जोड़ आया।
मैं छुप छुप के काली रातों में,
कई प्रेम के मंज़र तोड़ आया।।

मोहित मयंक